Nicol Goudarzi

Maximal unsichtbar im Unterricht

Materialien, Ideen und Anregungen zum Einsatz des Romans als Unterrichtslektüre

Mit Downloadmaterial und Kopiervorlagen

von Loeper Literaturverlag

Bibliographische Information der Deutschen Bibliothek
Die Deutsche Bibliothek verzeichnet diese Publikation in der Deutschen Nationalbibliographie; detaillierte bibliographische Daten sind im Internet unter http://dnb.ddb.de abrufbar.

Gehen Sie uns „ins Netz"!
Besuchen Sie uns im Internet unter
www.vonLoeper.de

Gerne senden wir Ihnen kostenlos ausführliche Informationen zu unserem Verlagsprogramm zu und informieren Sie regelmäßig über wichtige Neuerscheinungen zum Thema. (Adresse siehe unten)

Wichtiger Hinweis:
Weitere Literatur, ausführliche Zusatzinformationen, wichtige Links und weiteres Bonus-Material finden Sie im Internet unter
www.vonLoeper.de

Originalausgabe

1-0823-bo

Gesamtherstellung und Vertrieb:
Ariadne Buchdienst,
Daimlerstr. 23, 76185 Karlsruhe
Tel. (0721) 464729-029
Fax (0721) 464729-099
E-Mail: Info@vonLoeper.de
Internet: www.vonLoeper.de

ISBN 978-3-86059-714-9

Inhalt

Hinweis

Die in dieser Handreichung beschriebenen Aufgabenkarten können unter folgender Adresse heruntergeladen werden:

www.vonloeper.de/000-714/material.pdf

1 Zum Aufbau und Einsatz der Handreichung

Die Handreichung zur Unterrichtslektüre „Maximal unsichtbar“ bietet vielfältige didaktische Impulse und Materialien, die individuell in Abhängigkeit von den Kompetenzen der jeweiligen Lerngruppe zusammengestellt werden können.

Auf eine linear aufgebaute Unterrichtsstruktur wurde bewusst verzichtet. Stattdessen bieten Ihnen unterschiedliche Themenmodule die Möglichkeit, die Lektüre personenorientiert zu erarbeiten.

1.1 Themenfelder

Inhaltsmodule sind zum einen die offensichtlichen Themenfelder „Inklusion und Behinderung“ und „Mobbing“. Darüber hinaus vertreten sind die Themenbereiche, „Selbstbild und Resilienz“, „Sprache und Kommunikation“ sowie „Fantasy- und Rollenspielwelten“. Ein themenübergreifendes Angebotsfeld bildet der Bereich „Inhalt und Textverständnis“.

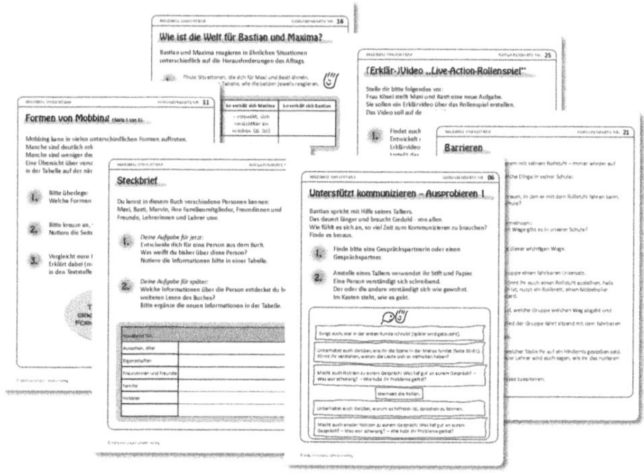

Themenfelder

Je nach Lerngruppe kann der Fokus auf einen bestimmten Themenbereich gesetzt werden, beispielsweise wenn aktuell das Thema „Mobbing“ Ihre Schülerinnen und Schüler beschäftigt. Alternativ können die Elemente der verschiedenen Themenfelder miteinander kombiniert werden, wenn eine inhaltlich variantenreiche Beschäftigung mit der Lektüre gewünscht ist.

1.2 Aufgabenkarten

Zu den einzelnen Themenfeldern gibt es unterschiedliche Aufgabenkarten, die Sie als Arbeitsblätter anbieten können. Alternativ kann es lohnenswert sein, die Aufgabenkarten Ihren Schülerinnen und Schülern in Form einer Arbeitskartei oder eines Lernplans zur individuellen Beschäftigung zur Verfügung zu stellen. So können die Karten zeitlich flexibel bearbeitet werden, unabhängig davon, wie schnell Ihre Schülerinnen und Schüler lesen und arbeiten.

Die Aufgabenkarten werden jeweils durch eine kurze didaktische Information ergänzt, die auch methodische Tipps bereithält.

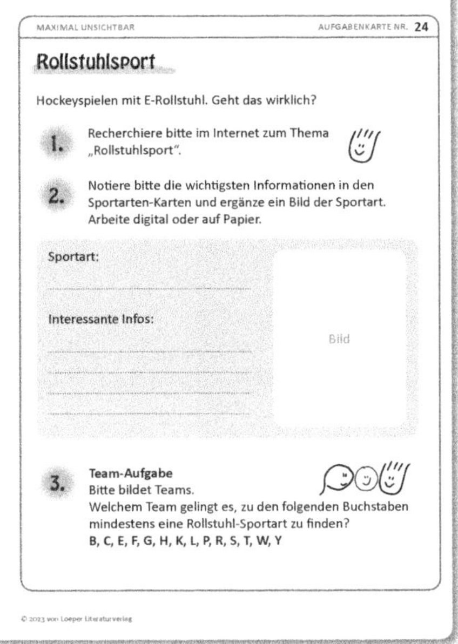
MAXIMAL UNSICHTBAR — AUFGABENKARTE NR. 24

Rollstuhlsport

Hockeyspielen mit E-Rollstuhl. Geht das wirklich?

1. Recherchiere bitte im Internet zum Thema „Rollstuhlsport“.

2. Notiere bitte die wichtigsten Informationen in den Sportarten-Karten und ergänze ein Bild der Sportart. Arbeite digital oder auf Papier.

Sportart:

Interessante Infos:

Bild

3. **Team-Aufgabe**
Bitte bildet Teams.
Welchem Team gelingt es, zu den folgenden Buchstaben mindestens eine Rollstuhl-Sportart zu finden?
B, C, E, F, G, H, K, L, P, R, S, T, W, Y

© 2023 von Loeper Literaturverlag

Beispielseite Aufgabenkarte

2 Methodisch-didaktische Grundüberlegung: Individuelles Lesen versus gemeinsames Lesen

Bei der Erarbeitung einer Lektüre bieten sich unterschiedliche Vorgehensweisen an.

Können bzw. sollen alle Schülerinnen und Schüler selbstständig und individuell das Buch lesen, bevor sie sich in einem nächsten Schritt mit inhaltlichen Aufgaben auseinandersetzen? Oder ist es für das Leseverständnis günstiger, wenn Sie sich gemeinsam mit den Schülerinnen und Schülern Schritt für Schritt tiefer in die Geschichte hineinarbeiten und durch entsprechende Aufgabenstellungen das Textverständnis schon während des ersten Lesens unterstützen?

2.1 Didaktische Hinweise zum individuellen Lesen der Lektüre

Im ersten Fall (Schülerinnen und Schüler lesen selbstständig und individuell das gesamte Buch) empfiehlt es sich, gemeinsam mit der Lerngruppe zu besprechen, wie sie den eigenen Lesefortschritt dokumentieren und wie sie die Kapitel für die spätere detaillierte Besprechung aufbereiten können. Hilfreich ist hierfür der Einsatz eines Lesetagebuches, das durchgängig parallel zum Leseprozess geführt wird. Für ein solches Lesetagebuch kann sowohl ein Heft als auch ein Schnellhefter genutzt werden, je nachdem, wie die Aufgabenstellungen präsentiert werden (Arbeitsblätter oder schriftliche Arbeitsaufträge in Listenform). Auch eine digitale Variante ist sinnvoll und möglich.

Elemente für ein solches Lesetagebuch könnten sein:

- Deckblatt, das für das eigene Lesetagebuch selbst gestaltet wird,
- Personenregister mit der Fragestellung „Wer taucht auf, was erfahren wir über die einzelnen Personen?",
- Kapitelübersicht, die durch eigene Überschrift oder eine Kurzzusammenfassung ergänzt wird,

- Zeichnungen zu Situationen/Menschen/Gebäuden,
- Szenen, die der Schülerin bzw. dem Schüler besonders gut gefallen haben, oder solche, die kritisch gesehen werden (immer mit Begründung),
- Sammlung von unbekannten oder interessanten Wörtern samt Recherche der Wortbedeutung.

Über solche Aufgabenideen hinaus bieten die Arbeitskarten dieser Handreichung zusätzliche Möglichkeiten zur individuellen Beschäftigung in Einzelarbeit. Alternativ bzw. ergänzend können methodisch abwechslungsreiche Aufgaben in Partnerarbeit oder Gruppenarbeit bereitgestellt werden. Auch hierzu finden sich Anregungen in den Arbeitskarten dieser Handreichung.

Abhängig davon, ob die Bücher Eigentum der Schülerinnen und Schüler oder Leihbücher sind, besteht darüber hinaus die Möglichkeit, direkt in dem Buch zu arbeiten. So können die Leserinnen und Leser ihre Lieblingsstellen markieren, Kapitelüberschriften in die Lektüre schreiben oder Notizen zum Text einfügen.

2.2 Didaktische Hinweise zum gemeinsamen Lesen der Lektüre

Vielleicht gehen Sie davon aus, dass Ihre Schülerinnen und Schüler das Buch nicht komplett selbstständig lesen werden und sie Unterstützung im Textverständnis benötigen. In diesem Fall empfiehlt sich eine schrittweise gemeinsame Erarbeitung des Textes mit unterstützenden Aufgabenstellungen. Der Text wird hierbei mit allen zusammen gelesen (wahlweise laut oder leise), besprochen und bearbeitet. Vorsicht bei dem „Reihum-laut-Vorlesenlassen" kompletter Klassen bzw. Gruppen, denen das Vortragen von Texten noch schwerfällt: Diese Variante ist für alle Beteiligten extrem anstrengend, sowohl für die (stockend) Vorlesenden als auch für diejenigen, die dem Text zuhörend oder mitlesend folgen. Hierbei eine Freude am Texterleben zu entwickeln, ist schwierig. Günstiger ist es, wenn Sie nur einzelne Schülerinnen und Schüler vorlesen lassen und zur Entlastung Vorlesepassagen aus dem Hörbuch (Goudarzi 2023, von Loeper Literaturverlag) einspielen. Alternativ können Sie natürlich selbst den Schülerinnen und Schülern vorlesen. Unabhängig davon, wie Sie das gemeinsame Lesen gestalten, kann auch hierbei beispielsweise ein Lesetagebuch den Leseprozess begleiten (siehe Kapitel 2.1).

2.3 Lesen des gesamten Textes vs. Lesen von Abschnitten – Herausforderungen und Vorteile

Herausforderungen, je nach Vorgehensweise:	
Gesamten Text lesen (individuell):	**Den Text abschnittsweise lesen (gemeinsam oder individuell):**
• Lesetagebuch-Einlagen müssen so gestaltet sein, dass die Schülerinnen und Schüler sie selbstständig nutzen können und auch wissen, WANN diese Aufgabe zu lösen ist • Auswahl von Highlights muss vorher gemeinsam mit den Schülerinnen und Schülern besprochen werden • Benötigen die Schülerinnen und Schüler einen „Arbeitsplan"? – Verbindung von Seitenzahlen mit Aufgabenstellungen • Es stellt sich die Frage, wie das Textverständnis abgesichert bzw. die Anschlusskommunikation gewährleistet werden kann	• Jeweils Abschnitte definieren, nach denen bestimmte Aufgaben durchgeführt werden können/sollen (realistische Seitenzahl als Leseaufgabe) • Aufgabenstellungen, die sich genau auf diese Seiten beziehen (ggf. gibt es ritualisierte Aufgaben, z. B. die Vervollständigung der Steckbriefe) • Differenzierung für schnellere Leserinnen und Leser nötig (Spezialaufgaben, siehe z. B. den didaktischen Kommentar zur Aufgabenkarte „4.1.3 – Überschriften" auf Seite 36)

Vorteile, je nach Vorgehensweise:	
Gesamten Text lesen (individuell):	**Den Text abschnittsweise lesen (gemeinsam oder individuell):**
• Die Schülerinnen und Schüler können in ihrer individuellen Lesegeschwindigkeit lesen und ihrer eigenen Leselust nachgehen • Individuelle Zugangsweisen können ausgewählt werden • Retrospektive Betrachtung von Handlungen und deren Folgen möglich	• Regelmäßige Absicherung des Textverständnisses durch Anschlusskommunikation • Arbeitsteilige Beschäftigung mit einzelnen Charakteren möglich • Informationen können zu bestimmten Zeitpunkten zusammengetragen werden • Vermutungen über den Fortgang des Textes können gemeinsam angestellt werden

3 Inhalt, Kapitelübersicht, Figuren

3.1 Inhaltsangabe

Maxima, genannt Maxi, ist eine fünfzehnjährige Schülerin an der Gesamtschule Klaafbach. Sie weiß genau, wie man sich unsichtbar macht (sowohl als Magierin im Pen-and-Paper-Rollenspiel als auch in der Schule). Sie ist die Meisterin des Unsichtbarseins (sogar auf Klassenfotos). Sie ist die Königin der Stille (auch wenn das auf Kosten der mündlichen Mitarbeitsnoten geht). Sie weiß, wie man den Sitzplatz in der Klasse so wählt, dass man als Letzte rein und als Erste raus muss (Tisch in Türnähe). Und sie weiß, was man machen muss, um jedem Schultag einen mini-guten Start zu geben (frühschwimmen und abtauchen).

Doch dann kommt Bastian, genannt Basti, in ihre Klasse. Schlagfertig und gewitzt, obwohl er mit einem augengesteuerten Sprachcomputer spricht. Aktiv und selbstständig, obwohl er mit einem E-Rollstuhl per Kopfsteuerung fährt. Mit ihm muss Maxi ein Projekt zum Thema „Sichtbar oder Unsichtbar – Parallelkulturen in Klaafbach" bearbeiten. Die Parallelkultur ist die Gruppe der Live-Action-Rollenspielenden, in der sich regelmäßig Bürgerinnen und Bürger in Hobbits, Elben und Orks verwandeln. Wie man sich an der Seite von Einem wie Basti unsichtbar machen kann, der als zappelnder Rollifahrer alle Blicke auf sich zieht, das weiß Maxi nicht. Sie beschließt, das zu tun, was sie am besten kann: Abtauchen. Hinter Basti.

Der Plan scheint aufzugehen. Die Rollenspiele verlaufen erfolgreich. Und auch in der Schule entspannt sich die Situation. Doch dann wendet sich das Blatt: Die langersehnte Ork-Schlacht im Wald müssen Maxi und Basti abbrechen, da E-Rolli und Talker das Mittelerde-Ambiente stören. Und in der Schule gibt Mobbinganführer Marvin vor, ein Verhältnis mit Maxis junger, feierfreudigen Mutter zu haben. Maxi bricht unter der Last der Situation zusammen, betrinkt sich und meldet sich per E-Mail endgültig von der Schule ab. Ein Tippfehler in der Mailadresse und eine Aussprache zwischen Maxi und ihrer Mutter führen dazu, dass sie sich doch dazu entschließt, die restlichen 147 Schultage durchzustehen.

Allen Problemen zum Trotz soll Maxis und Bastis Rollenspiel-Projekt auf dem Schulfest als Musterbeispiel für gelungene Inklusion präsentiert werden. Unmittelbar vor ihrem Auftritt in der vollbesetzten Aula erfährt Maxi von manipulierten Bildern im Internet, die Basti und sie in pornographischen Situationen zeigen. Geschockt von den Memes versteckt sich Maxi zwischen den Theatervorhängen. Zeitgleich fährt der ahnungslose Basti über die Rampe auf die Bühne. Dort wird er zum weitgehend passiven Vorzeigeobjekt, da das grelle Bühnenlicht die Ansteuerung seines Sprachcomputers verhindert. Als Maxi im Publikum leuchtende Handydisplays sieht und zunehmendes Kichern hört, deutet sie dies als Reaktion auf die obszönen Bilder. Sie stürmt die Bühne, bezieht lautstark Stellung und verhilft Bastian zu seiner Stimme, indem sie sein Augenalphabet übersetzt. Die beiden bestehen darauf, die Memes dem Publikum zu zeigen und sorgen für einen offenen Dialog über den Stand der Dinge.

Maxi beschließt, auch in puncto Mittelerde die Initiative zu ergreifen, und entwirft ein Rollenspiel, dessen Protagonist eine mythische Figur mit Rollstuhl und Talker ist. Die Rückmeldung hierzu verläuft positiv. In vierzehn Tagen soll sie das Abenteuer in der Rollenspielgruppe vorstellen und gegebenenfalls die Spielleitung übernehmen. Sie beendet das Herunterzählen von unschönen Schultagen und startet stattdessen einen neuen Countdown, beginnend mit Vierzehn, der Anzahl der Tage bis zum neuen Abenteuer.

3.2 Tabellarische Kapitelübersicht

Kapitel	Seiten	Inhalt	Personen
365	9 bis 11	Maxima (Maxi) träumt von Fantasywelten und wacht auf, als der Wecker klingelt und ihre Mutter zum Aufstehen ruft. Mit Unbehagen wird Maxi bewusst, dass das neue Schuljahr beginnt. Sie stellt eine Rechnung auf und überschlägt, wie viele Tage sie noch in die Gesamtschule Klaafbach gehen muss.	Maxi, Maxis Mutter
165	12 bis 21	Maxi wartet vor der Schule auf Jana, doch Jana ist krank. Auf dem Schulhof mobbt Marvin Maxi und Sergeji lacht sie aus. In der Klasse organisiert sie sich einen Platz in Türnähe, um möglichst schnell die Klasse wieder verlassen zu können. Frau Kösel startet eine Erzählrunde über die Ferien. In der Pause wird Maxi von Sina, Dunja und Hürrem ausgelacht. Sie versteckt sich in der Bücherei. Nach der Pause verkündet Frau Kösel, dass am Folgetag ein Schüler mit Körperbehinderung und Sprachcomputer (Talker) die Klasse besuchen wird.	Maxi, Marvin, Sergeji, Frau Kösel, Sina, Dunja, Hürrem
164	22 bis 32	Hausmeister Hirsch hat einen neuen Tisch in die Klasse gebracht. Bevor Bastian (Basti) in die Klasse kommt, muss Maxi ihren Platz an der Tür aufgeben, damit sein großer E-Rollstuhl dort Platz findet. Basti kommt in die Klasse und stellt sich mit Hilfe eines Sprachcomputers vor. Die Klasse schweigt. In der Pause tauschen sich Maxi und Jana über ihre neuen Mitschüler aus. Während des Unterrichts bleibt es still. Nur Bastian spricht. In der Mensa bekommt Bastian ungefragt Suppe serviert, da der Koch vermutet, Bastian könne nicht kauen. Basti beschwert sich vehement per Talker und erhält schließlich das von ihm gewünschte Essen. In der Nacht träumt Maxi davon, mit Talkerstimme zu sprechen.	Herr Hirsch, Basti, Maxi, Jana, Küchendame, Koch Weitere Figuren: Sina, Hürrem, Marvin, Herr Stiehl

Kapitel	Seiten	Inhalt	Personen
163	33 bis 44	Frau Kösel fragt die Hausaufgaben ab. Maxi schweigt, obwohl sie als einzige die Hausaufgabe gemacht hat. In der Pause spielen Maxi und Jana Tischtennis. Als Maxi den Ball im Gebüsch sucht, beobachtet sie, wie Marvin versucht, Basti zu mobben. Basti reagiert schlagfertig auf Marvin, so dass Marvin aufgibt. Maxi wird bewusst, dass sie selbst nicht mehr gemobbt wird, seit Bastian da ist. Nach der Pause sollen in Partnerarbeit Projektthemen gefunden werden. Maxi und Basti bleiben bei der Partnerwahl übrig. Während der Rest der Klasse zum Sportunterricht geht, überlegen sie sich ein gemeinsames Projektthema. Da beide sich für Fantasy-Rollenspiele interessieren, entscheiden sie sich für das Thema „Mittelerde Live Action Rollenspiele“.	Maxi, Frau Kösel, Marvin, Basti, Jana Weitere Figuren: Hürrem, Sina, Dunja, Sergeji
162	45 bis 48	Basti bittet Maxi um ihre Handynummer, um mit ihr per SMS kommunizieren zu können. Er verabredet sich mit Maxi, um mit ihr an dem Projektthema zu arbeiten. Maxi wird von Marvin gemobbt, der ihr eine Liebesbeziehung mit Basti unterstellt.	Maxi, Basti, Marvin Weitere Figuren: Sina, Frau Kösel
161	49 bis 61	Maxi besucht Bastian in seinem Zuhause, das deutlich normaler aussieht, als Maxi es sich ausgemalt hatte. Bastian präsentiert seine Projektideen und die Ergebnisse seiner Internetrecherche. Sie einigen sich auf das Projektthema „Unsichtbar – Mittelerde liegt in Klaafbach“. Bastian organisiert ein erstes Treffen mit dem Rollenspieler Yannis im Gasthaus. Basti ermutigt Maxi, seinen augengesteuerten Sprachcomputer zu bedienen. Nach einigen Schwierigkeiten gelingt es Maxi, das Wort „Hallo“ per Augenbewegung auf dem Talker zu buchstabieren. Als Maxi wieder in ihrem eigenen Zuhause ist, formuliert sie Projektfragen. Basti ebenso. In der Nacht träumt Maxi von ihrem Besuch im Gasthaus.	Maxi, Basti Weitere Figuren: Bastis Vater

Kapitel	Seiten	Inhalt	Personen
Erster Samstag	62 bis 74	Bastians Vater fährt Maxi und Basti zum Gasthaus. Dort stellen sie sich im Hinterhaus dem Spielleiter Yannis vor, der zunächst Schwierigkeiten damit hat, Bastian anzusprechen. Zudem sieht er Probleme in Bastians elektrischem Rollstuhl und dem Talker, da elektrische Geräte im Rollenspiel nicht erlaubt sind. Somit dürfen Maxi und Basti vorerst nicht im Gasthaus mitspielen. Yannis will jedoch einen Plan entwickeln, um Rollstuhl und Talker zu verstecken, damit die beiden in der nächsten Woche teilnehmen können. Die beiden stellen Yannis noch einige Fragen zum Projektthema, bevor sie auf den Parkplatz zurückkehren. Hier sehen sie zwei Rollenspielerinnen.	Maxi, Basti, Bastis Vater, Yannis Weitere Figuren: Zwei MERA-Spielerinnen samt Baby
Erster Sonntag	75 bis 76	Maxi bittet ihre Mutter, sie am nächsten Sonntag zu einer Fantasy-Börse zu fahren. Ihre Mutter willigt ein.	Maxi
160	77 bis 87	Auf dem Schulhof spricht Basti mit Marvin und seinen Freunden. Frau Kösel fragt im Unterricht die Projektthemen ab. Bis auf Basti und Maxi sowie Luam und Marvin haben die Gruppen noch keine Themen gefunden. Ausgehend von den beiden vorhandenen Themen benennt Frau Kösel das Projektthema: „Sichtbar oder Unsichtbar. Parallelkulturen in unserer Gesellschaft." Nach der Pause findet eine Schulversammlung in der Aula statt. Dort erklärt die Rektorin das neue Lernbüro-Konzept. Maxi hofft, durch diese neue Arbeitsform Marvin aus dem Weg gehen zu können. Im Französischunterricht spricht Herr Rousseau begeistert mit Bastian, der sich per Talker auch auf Französisch verständigt. Im Rahmen der neuen Unterrichtsreihe „Französischsprachige Länder" wird Luam Maxis Lernpartner. Bastis Arbeitspartner ist Marvin.	Basti, Marvin, Frau Kösel, Maxi, Luam, Frau Bergschaff, Herr Rousseau Weitere Figuren: Sergeji, Sina, Dunja

Kapitel	Seiten	Inhalt	Personen
159	88 bis 101	Im Geschichtsunterricht kommt es zu Problemen, da Bastian weder sein Geschichtsbuch in digitaler Form zur Verfügung steht, noch kann er die komplexen Zeichnungen von Herrn Doktor Müller abmalen. Auch beim Einrichten der Lernbüro-Räume kommt es zu Schwierigkeiten. Am Nachmittag besucht Maxi Basti, der ihr beibringt, sein Augen-Alphabet zu lesen, um so u. a. im Unterricht heimlich „Vier gewinnt" zu spielen.	Basti, Herr Dr. Müller, Maxi Weitere Figuren: Sina, Marvin, Luam, Sergeji, Frau König, Frau Hopfer
158	102 bis 111	Als Maxi im Geschichtsunterricht laut lacht, weil sie beim heimlichen „Vier gewinnt"-Spiel gewonnen hat, wird sie von Dr. Müller zur Rede gestellt. Er unterstellt Maxi, sie habe über Basti gelacht. Dass beide gemeinsam Quatsch gemacht haben, kann er sich nicht vorstellen. Im Sportunterricht erhält Basti die Aufgabe, ein Referat zu schreiben. Maxi darf ihn unterstützen und entgeht so dem von ihr ungeliebten Sportunterricht. Am Nachmittag verabreden sich Basti und Maxi für ein Treffen am nächsten Tag.	Maxi, Herr Dr. Müller, Basti, Frau Korbmacher Weitere Figuren: Marvin, Sina, Hürrem, Dunja, Jana, Sergeji

Kapitel	Seiten	Inhalt	Personen
157	112 bis 125	Herr Dr. Müller versucht, für Bastian Unterstützung im Geschichtsunterricht zu organisieren. Dies gelingt jedoch nicht, da der Helfer, Herr Stiehl, zu einem anderen Schüler gerufen wird. Im Musikunterricht präsentiert Bastian ein selbstkomponiertes und am Computer selbstarrangiertes Lied. Die Lehrerin Frau Werner ist begeistert. Marvin hingegen provoziert durch Schnarchgeräusche und erhält als Konsequenz den Auftrag, ein Referat über elektronische Musik zu verfassen. Während der Pause sorgt Maxi dafür, dass Herr Stiehl sich um Bastian kümmert und ihm den Speichel abwischt. Im Französischunterricht werden die Präsentationen der Partnerarbeiten geplant. Bastian und Marvin sollen in der nächsten Woche beginnen. Den Nachmittag verbringt Maxi wieder bei Basti. Er berichtet von einem Zwillingsbruder, der kurz nach der Geburt verstarb. Komplikationen während der Geburt waren der Auslöser für Bastians Behinderung. Auch Maxi öffnet sich und erzählt Basti von dem schwierigen Verhältnis zu ihrer Mutter, die sie selten sieht, da die Mutter viel arbeitet und gerne trinkt und „feiert". Auch über Mobbingsituationen sprechen die beiden. Basti gibt Maxi den Tipp, sich verbal auf solche Situationen vorzubereiten. Am Abend denkt Maxi über Basti und seine Behinderung nach.	Herr Dr. Müller, Basti, Herr Stiehl, Frau Werner, Marvin, Maxi, Herr Rousseau Weitere Figuren: Sina, Luam, Sergeji, Jana, Thorsten (Bastis Assistenz)
156	126 bis 130	Maxi und Basti präsentieren erfolgreich den Stand ihrer Rollenspiel-Projektarbeit und erhalten die Note „sehr gut". In der Pause stellt Maxi fest, dass sie ihr Brot vergessen hat. Auf dem Weg zur Klasse hört sie, wie Marvin sich bei Frau Kösel dafür einsetzt, dass ab jetzt die Handynutzung erlaubt sein solle. Er begründet dies mit der dadurch vereinfachten Kommunikation mit Basti per SMS. In der folgenden Lernbürostunde stellt Maxi fest, dass Basti seine Lernmaterialien inzwischen in digitaler Form erhalten hat.	Maxi, Basti, Marvin, Frau Kösel Weitere Figuren: Luam, Frau König, Sergeji

Kapitel	Seiten	Inhalt	Personen
Zweiter Samstag	131 bis 137	Im Gasthaus bereiten sich Maxi und Basti auf ihre erste Teilnahme am Rollenspiel vor. Sie kostümieren sich und hören von Yannis eine Geschichte, die die Grundlage für die Planung einer Schlacht gegen Orks bildet. Im Gasthaus nehmen Maxi und Basti an dieser Planung teil, wobei Bastis Rollstuhl und Talker hinter Tuch und Kiste versteckt werden. Nach der Planung klingt der Tag im Gasthaus in geselliger Runde zwischen Magiern, Elben und Co. aus.	Maxi, Basti, Yannis, diverse Rollenspielerinnen und Rollenspieler Weitere Figuren: Frau Hopfer
Zweiter Sonntag	138 bis 142	Entgegen ihrer Verabredung sagt Maxis Mutter die gemeinsame Fahrt zur Fantasy-Börse kurzfristig ab.	Maxi
155	143 bis 153	Maxis Gedanken an das Rollenspiel helfen ihr, sich von den Lästereien und Anfeindungen der anderen weniger angegriffen zu fühlen. Bastian wird von einem eigenen Assistenten, René Stainer, begleitet, der ihn zeitweise unterstützt. Frau Kösel verkündet, dass die Handynutzung ab nun in der Schule erlaubt ist. In diesem Zusammenhang macht Marvin einen Witz über Maxi, über den auch Basti lacht.	Maxi, Basti, René, Frau Kösel, Marvin Weitere Figuren: Jana, Luam, Sergeji, Sina, Dunja, Hürrem, Herr Mathison, Herr Rousseau
154	154 bis 156	Wegen starker Regelschmerzen bleibt Maxi Zuhause.	Maxi
153	157 bis 160	In Philosophie spricht die Lehrerin über den vereinfachten kategorischen Imperativ. In der Pause beobachtet Maxi, wie Marvin und Sergeji mit Basti auf seinem Tablet-Computer heimlich Pornos gucken. Irritiert davon durchlebt sie Pause und Englischunterricht. Als Basti ihr mitteilt, dass er ihre Hilfe beim Sportreferat dank Renés Unterstützung nicht mehr benötige, schwänzt sie den Sportunterricht und geht nach Hause.	Frau Rade-Havelbusch, Maxi, Marvin, Sergeji, Basti Weitere Figuren: Sina

Kapitel	Seiten	Inhalt	Personen
152	161 bis 168	Im Philosophieunterricht wird Maxi von Marvin und anderen geärgert, weil sie nicht spricht. Als sogar Basti sich gegen sie wendet, gibt sie Antwort per Talker, bevor sie Basti per Augenalphabet „Verräter" nennt. In der Pause stellt Maxi ihn zur Rede. Im Musikunterricht zeigt Marvin seine Präsentation. Maxi erkennt darin Bastis Vorlage wieder. Als Maxi Basti daraufhin anspricht, bestätigt er dies. Maxi warnt Basti vor Marvin. Doch Basti ignoriert die Warnung.	Maxi, Marvin, Basti Weitere Figuren: Frau Rade-Havelbusch, Sergeji, Sina, René, Frau Werner
151	169 bis 175	Maxi belastet die angespannte Situation zwischen Basti und ihr. In der Schule bietet sich zunächst keine Gelegenheit für ein klärendes Gespräch. Während der Pause isst Maxi genussvoll ein vegetarisches Würstchen von Jana, während Marvin mit seinem Smartphone in der Nähe steht. In der Mensa setzt sich Maxi mit Lächeln und schlagfertigen Antworten gegen Sina, Dunja und Hürrem zur Wehr. Gegen Ende der Pause gelingt es ihr schließlich, sich mit Basti auszusprechen.	Maxi, Jana, Marvin, Sina, Hürrem, Dunja, Basti Weitere Figuren: Frau Kösel, René, Sergeji
Dritter Samstag	176 bis 185	Auf dem Weg zu Basti kommt Maxi an dem Schützenfest vorbei, das ihre Mutter gerne zum Feiern besucht. Maxi und Basti nehmen an der Rollenspiel-Schlacht im Wald teil. Doch bevor das Abenteuer wirklich beginnt, beschwert sich der Rollenspieler Malbarad über die störende Technik an Bastis Rollstuhl und Computer. Kerstin alias Ork Kruschtaq versucht vergeblich, zu vermitteln. Basti und Maxi geben auf und kehren um.	Maxi, Basti, Malbarad, Kerstin Weitere Figuren: Bastis Vater, Yannis
Dritter Sonntag	186 bis 189	Maxi ist frustriert. Gestern durfte sie im Wald mit Basti nicht im Rollenspiel mitspielen, und heute hat das Schwimmbad geschlossen. Sie denkt darüber nach, ob es möglich wäre, eine Rollenspielfigur mit Behinderung zu erfinden.	Maxi

Kapitel	Seiten	Inhalt	Personen
150	190 bis 200	Im Rahmen der Vorbereitungen auf das Schulfest bittet Frau Kösel Maxi und Basti darum, ihr Projekt auf der Bühne vorzustellen. In der Pause drängt sich Marvin bei Maxi auf. Er berichtet ihr von der Bekanntschaft mit einer älteren Frau auf dem Schützenfest, mit der er sich eine sexuelle Beziehung erhofft. Die Andeutungen weisen vage auf Maxis Mutter. Diese Gedanken beschäftigen Maxi auch während des Informatikunterrichts. Nach Informatik verlässt sie die Schule und verpasst den Französischunterricht einschließlich des unangekündigten Tests, der dort geschrieben wird.	Frau Kösel, Maxi, Basti, Marvin Weitere Figuren: Herr Mathison, Sergeji, Herr Rousseau
149	201 bis 203	Maxi glaubt, Marvin habe ein Verhältnis mit ihrer Mutter. Maxi betrinkt sich mit den Alkoholika ihrer Mutter und meldet sich per E-Mail bei ihrer Rektorin von der Schule ab. Sie versteckt sich auf dem Dachboden.	Maxi
0	204 bis 211	Maxi erwacht stark verkatert in ihrem Zimmer. Ihre Mutter dementiert das Verhältnis mit Marvin. Die Mutter zeigt Mitleid mit Marvin, der bei seinem unfreundlichen Großvater aufwächst. Es folgt eine klärende Aussprache zwischen Maxi und ihrer Mutter. Maxis Abmeldung von der Schule konnte wegen eines Rechtschreibfehlers in der Empfängeradresse nicht zugestellt werden.	Maxi, Maxis Mutter
147	212 bis 217	Zu Schulbeginn stellt Maxi Marvin zur Rede. Basti unterstützt sie. Im Kunstunterricht erwähnt Marvin Fotos, die er digital bearbeitet. Als Herr Rousseau die überwiegend schlecht ausgefallenen Französisch-Tests zurückgibt, unterstellt Marvin Bastian, dass dieser seine gute Note ungerechterweise bekommen habe.	Maxi, Marvin, Basti, Herr Rousseau Weitere Figuren: Sergeji, René, Luam, Hürrem, Sina

Kapitel	Seiten	Inhalt	Personen
146	218	Die Klasse bereitet sich auf das Schulfest vor. Maxi und Basti proben die Präsentation, die sie auf dem Schulfest vorführen werden.	Maxi, Basti Weitere Figuren: Frau Kösel, Sina, Sergeji, Marvin
Schulfest	219 bis 236	Als sich Maxi auf dem Schulfest eine Waffel kaufen will, hört sie Marvins Opa, der sich bei Luams Mutter diskriminierend über Bastian äußert und sich über dessen vermeintliche Bevorzugung beschwert. In der Aula fängt Jana Maxi ab. Hinter der Bühne zeigt sie ihr pornografische Memes, in die Maxis und Bastis Gesichter eingearbeitet wurden. Eines der Fotos zeigt Maxi beim Biss in das vegetarische Würstchen, als Marvin sie heimlich mit dem Handy fotografiert hatte. Maxi versteckt sich daraufhin zwischen den Bühnenvorhängen, somit muss Basti ohne sie die Präsentation auf der Bühne beginnen. Doch die Beleuchtung blendet Basti, so dass die Augensteuerung nicht funktioniert und er seinen Talker nicht nutzen kann. Als Frau Kösel die schulische Wirklichkeit von Basti stark beschönigt darstellt, verlässt Maxi ihr Versteck, bezieht auf der Bühne deutlich Stellung und zeigt Basti und dem Publikum die Memes. Zudem übersetzt sie Bastis Augenalphabet, so dass er wieder kommunizieren kann.	Maxi, Marvins Opa, Luams Mutter, Jana, Basti, Frau Kösel Weitere Figuren: Maxis Mutter, Sergejis Mutter, Marvin, Frau Bergschaff, Herr Hirsch, Journalist, Bastis Vater, Bastis Mutter
Vierter Sonntag	237 bis 240	Maxi blickt auf ihren erfolgreichen, wenn auch anders als geplant verlaufenen Auftritt auf dem Schulfest zurück. Sie entwirft eine Geschichte für ein Rollenspiel, in der es einen Magier mit magischer Stimme – sprich: einem Talker – gibt. Sie schickt den Text Yannis, der begeistert ist und Maxi anbietet, sich damit in 14 Tagen als Spielleiterin zur Wahl zu stellen.	Maxi
14	241	Die Geschichte von Brandir, der mit magischer Stimme dem Fluch von Nargast trotzt.	Maxi

3.3 Alphabetisches Register der wichtigsten Figuren

Bastian Hopfer, genannt Basti

Bastian, 16 Jahre, ist der neue Schüler in der 10b der Gesamtschule Klaafbach, in der er sich schon bald als humorvoller, schlagfertiger und sehr aktiver Mitschüler entpuppt. Geboren und aufgewachsen ist Bastian in Genf in der Schweiz, wo er eine Schule für Körperbehinderte besuchte, bevor er mit seinen Eltern nach Klaafbach zog. Aufgrund einer komplikationsreichen Zwillingsgeburt erlitt er einen Sauerstoffmangel während seiner Geburt, der zu einer komplexen Körperbehinderung führte. Sein Zwillingsbruder verstarb am Tag nach der Geburt. Bedingt durch die Körperbehinderung kann Bastian die Bewegungen seiner Arme und Beine nicht willentlich steuern. Auch seine Sprechmuskulatur ist betroffen, so dass Bastian bis auf „Ha“ für „Ja“ und „Eee“ für „Nee“ bzw. „Nein“ keine Wörter verbalsprachlich verständlich aussprechen kann. Eine sehr gute Kontrolle hat Bastian hingegen über seinen Kopf. So steuert er seinen elektrischen Rollstuhl mittels einer Kopfsteuerung, im Alltag wie auch zu seiner Zeit in der Schweiz im Rahmen einer Hobbymannschaft für Power-Chair-Hockey (Elektro-Rollstuhl-Hockey). Er kommuniziert mit einem Sprachcomputer, den er per Augensteuerung bedient. In seiner Freizeit komponiert Bastian elektronische Musik und liest gerne, zum Beispiel sein Lieblingsbuch „Der Herr der Ringe“ von J. R. R. Tolkien. Darüber hinaus spielt er mittels einer App Pen-and-Paper Rollenspiele und nimmt in diesen die Rolle des Hobbits → Brandir ein. Im Zuge der Live-Action-Rollenspiele, die er mit → Maxima besucht, spielt er unter diesem Namen einen Magier. Bastian hat eine ältere Schwester, die jedoch nicht in Klaafbach lebt.

Brandir

Rollenspielname von → Bastian, sowohl in seiner Rolle als Hobbit im Pen-and-Paper-Rollenspiel als auch als Live-Action-Rollenspiel-Magier.

Daeriel

Rollenspielname von → Maxima, sowohl als Magierin im Pen-and-Paper-Rollenspiel als auch im Live-Action-Rollenspiel.

David Mergens

Ein Schüler mit Autismus in der neunten Klasse.

Dunja
Schülerin der 10b, gehört mit → Sina und → Hürrem zu einem Dreiergespann von sehr auf Äußerlichkeiten bedachten und gerne über Andere lästernden Freundinnen.

Fingarol
Rollenspielname von → Yannis in der Rolle des Elben.

Frau Bergschaff
Die neue Rektorin der Gesamtschule Klaafbach. Mit Frau Bergschaff haben die Inklusionsideen Einzug in die Gesamtschule gehalten, ebenso wie eine alternative Stundenplangestaltung und die Arbeit in Lernbüros.

Frau Hopfer
Die Mutter von → Bastian. Sie ist berufstätig und arbeitet teils außer Haus und teils im Homeoffice.

Frau König
Die Deutschlehrerin der 10b mit einer Vorliebe für grammatikalische Analysen.

Frau Korbmacher
Die hochdynamische Sportlehrerin der 10b, ehemals Model und Animateurin in einem Sportclub.

Frau Kösel
Die Klassenlehrerin der 10b. Sie organisiert ihren Unterrichtsalltag mit vielen Zetteln, die sie auf ihrem Lehrerpult verteilt.

Frau Rade-Havelbusch
Die Lehrerin für das Fach Praktische Philosophie in der 10b.

Frau Werner
Musiklehrerin und Profimusikerin.

Herr Dr. Müller, genannt Doc Müller
Der Geschichtslehrer der 10b. Der relativ junge Dr. Müller hat über ein Geschichtsthema promoviert und zeichnet im Unterricht bevorzugt Kartenskizzen mit historischen Schlachtverläufen an das Whiteboard.

Herr Hirsch

Der wenig ambitionierte Hausmeister der Gesamtschule Klaafbach.

Herr Hopfer

Der Vater von → Bastian. Wie auch → Frau Hopfer ist er berufstätig.

Herr Mathison

Der Informatiklehrer der 10b. Von den Schülerinnen und Schülern „Der Mathis" genannt.

Herr Rousseau

Der Französischlehrer der 10b. Seine Muttersprache ist Französisch und er spricht mit entsprechendem Akzent. Herr Rousseau wird von den Schülerinnen und Schülern „Herr Rossi" genannt.

Herr Stiehl

Ein Schulbegleiter an der Gesamtschule Klaafbach. Er ist sowohl für einen Schüler mit Autismus-Spektrum-Störung namens → David Mergens als auch für → Bastian zuständig, muss aber vermehrt David unterstützen.

Hürrem

Schülerin der 10b, gehört mit → Dunja und → Sina zu einem Dreiergespann von sehr auf Äußerlichkeiten bedachten und gerne über Andere lästernden Freundinnen.

Jana

Jana ist die beste Freundin von → Maxima, die ebenso wie Maxima regelmäßig von → Marvin und seinen Freunden gemobbt wurde. Seit Beginn des neuen Schuljahres besucht sie jedoch nicht mehr die gleiche Klasse wie Maxima, sondern die Klasse darunter (9. Klasse). Janas Mutter legt großen Wert auf gesunde Ernährung und stattet Jana mit aufwändig belegten Pausenbroten aus, die Jana regelmäßig mit Maxima tauscht. Janas Großeltern leben in Polen.

Kerstin

Eine Rollenspielerin im Live-Action-Rollenspiel. Sie spielt sowohl die Hobbitdame → Perlargonia als auch den Ork → Kruschtaq.

Kruschtaq

Rollenspielname für den Spielcharakter des Orks von → Kerstin.

Lena-Lou

Eine Mitschülerin in der 10b.

Luam

Ein Mitschüler aus der 10b. Er gehört zum Freundeskreis von → Marvin, zeigt sich aber wesentlich freundlicher den Anderen und → Maxima gegenüber.

Malbarad

Rollenspielname für den Spielcharakter des Waldläufers. Malbarad hatte sich erfolglos um die Rolle des Spielleiters beworben. Stattdessen wurde → Yannis zum Spielleiter gewählt. An den Treffen im Gasthaus nimmt Malbarad nicht teil, wohl aber an der „Schlacht im Kühlesgrund". Infomails von Yannis ignoriert Malbarad, was dazu führt, dass die Situation im Wald bei der „Schlacht am Kühlesgrund" eskaliert und Bastian und Maxima nicht mehr mitspielen dürfen. Grund hierfür ist, dass Malbarad E-Rollstuhl und Sprachcomputer als zu störend für das Mittelerde-Setting empfindet und sich auf die Einbindung von Basti in das Geschehen nicht einlassen kann, selbst dann nicht, als → Kerstin zu vermitteln versucht.

Marvin

Marvin ist Schüler der 10b und fällt als in vielfacher Hinsicht lauteste Stimme der Klasse auf. Er ist für das gezielte Mobbing von → Maxima und anderen verantwortlich. Da die Mutter die Familie verlassen hat und der Vater häufig auf Geschäftsreise ist, wächst Marvin bei seinem Opa auf (→ Marvins Opa).

Marvins Opa

Der Großvater von Marvin gilt als unfreundlicher, alter Mann. Er hält nicht viel von seinem Enkel und scheut auch vor gelegentlichen Ohrfeigen nicht zurück.

Maxima

Maxima ist die Hauptfigur der Geschichte, die sie in der Ich-Perspektive erzählt. Sie wird Maxi genannt und lebt bei ihrer alleinerziehenden Mutter (→ Maximas Mutter). Sie ist ein beliebtes Ziel für die Mobbingattacken von → Marvin und den Lästereien von → Sina, → Dunja und → Hürrem und hat dadurch gelernt, zu schweigen und möglichst wenig sichtbar zu sein. In ihrer Freizeit spielt und schreibt sie Solo-Pen-and-Paper-Rollenspiele und liest gerne, bevorzugt Bücher von J. R. R. Tolkien. Sie ist befreundet mit → Jana. Das Schwimmen und Tauchen hilft ihr, sich stark für den Tag zu fühlen, und so ist das Frühschwimmen ein häufiger Bestandteil ihres Tagesablaufs.

Maximas Mutter

Maximas Mutter ist alleinerziehend. Sie wurde als Jugendliche ungewollt schwanger, weswegen sie ihre Ausbildung als Reisekauffrau nicht antreten konnte und nun als Kassiererin im örtlichen Supermarkt tätig ist. Sie arbeitet viel und geht in ihrer Freizeit gerne aus, wodurch sich nur wenig Kontakt zwischen Maxima und ihr ergibt. Dies ändert sich nach einer Aussprache, die die beiden miteinander führen.

Perlargonia

Rollenspielname für den Spielcharakter der Hobbitdame von → Kerstin.

René Stainer

René arbeitet als persönliche Assistenz von → Bastian. Die beiden haben sich in der Schweiz kennengelernt, als René dort im Rahmen des internationalen Freiwilligendienstes an der damaligen Schule von Bastian aktiv war. Aktuell wartet René auf einen Studienplatz, um Lehrer für Schülerinnen und Schüler mit Körperbehinderung zu werden.

Sergeji

Schüler der 10b und einer der Freunde von → Marvin.

Sina

Schülerin der 10b, gehört mit → Dunja und → Hürrem zu einem Dreiergespann von sehr auf Äußerlichkeiten bedachten und gerne über Andere lästernden Freundinnen.

Yannis

Yannis organisiert die Live-Action-Rollenspieltreffen und ist als Spielleiter für die Mittelerde-Rollenspiele aktiv. Im Rollenspiel spielt er einen Elben mit dem Namen → Fingarol.

Nebenfiguren:

Frau Koslow (Sergejis Mutter)
Koch und Küchenhilfen
Diverse Teilnehmerinnen und Teilnehmer im Live-Action-Rollenspiel
Wirt des Gasthauses
Thorsten (Persönliche Assistenz von Bastian)
Luams Mutter
Journalist

4 Aufgabenkarten und didaktische Informationen

Symbole
In den Aufgabenkarten werden folgende Symbole verwendet:

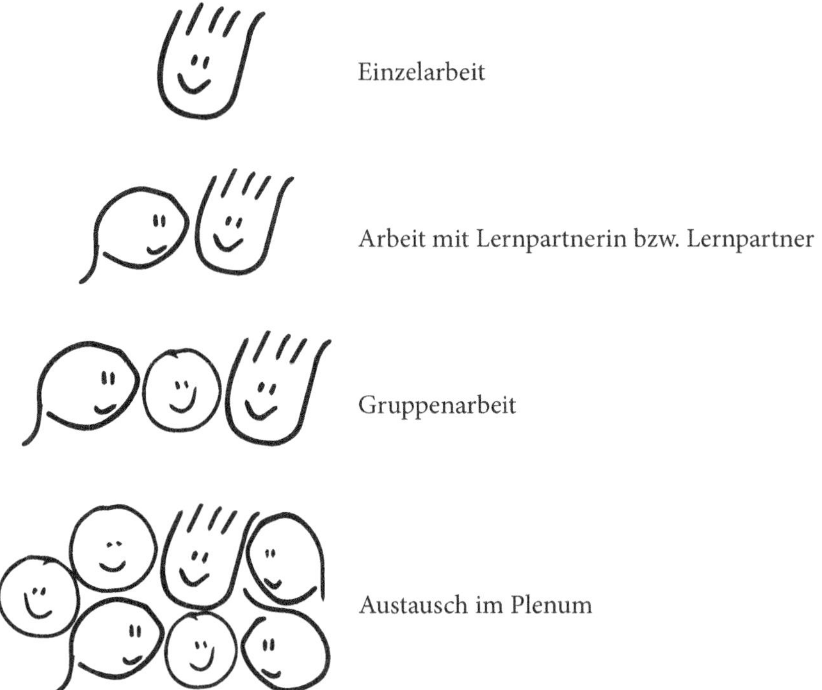

4.1 Inhalt und Textverständnis

4.1.1 Steckbrief

Aufgabenkarte 01

MAXIMAL UNSICHTBAR AUFGABENKARTE NR. **01**

Steckbrief

Du lernst in diesem Buch verschiedene Personen kennen: Maxi, Basti, Marvin, ihre Familienmitglieder, Freundinnen und Freunde, Lehrerinnen und Lehrer usw.

1. *Deine Aufgabe für jetzt:*
Entscheide dich für eine Person aus dem Buch.
Was weißt du bisher über diese Person?
Notiere die Informationen bitte in einer Tabelle.

2. *Deine Aufgabe für später:*
Welche Informationen über die Person entdeckst du beim weiteren Lesen des Buches?
Bitte ergänze die neuen Informationen in der Tabelle.

Steckbrief für:	
Aussehen, Alter	
Eigenschaften	
Freundinnen und Freunde	
Familie	
Hobbies	
...	

Didaktische Information

▸ Einsetzbar ab Seite 48

Aufgabe

Du lernst in diesem Buch verschiedene Personen kennen: Maxi, Basti, Marvin, ihre Familienmitglieder, Freundinnen und Freunde, Lehrerinnen und Lehrer usw.

1) Deine Aufgabe für jetzt: Entscheide dich für eine Person aus dem Buch. Was weißt du bisher über diese Person? Notiere die Informationen bitte in einer Tabelle.
2) Deine Aufgabe für später: Welche Informationen über die Person entdeckst du beim weiteren Lesen des Buches? Bitte ergänze die neuen Informationen in der Tabelle.

Ziel

Verständnis des Textzusammenhangs durch Verfolgen der persönlichen Entwicklung der Hauptpersonen.
Zunächst: Klärung der Ausgangslage.
Danach: Ggf. Weiterentwicklung der Figur erkennen.

Methode

Es empfiehlt sich, mit den Hauptfiguren Maxima und Bastian zu beginnen. Auch Marvin als Antagonist ist eine wichtige Figur.

Erste personenbezogene Informationen aus dem Buch (z. B. am Ende von Kapitel 161) werden in Einzelarbeit oder Kleingruppenarbeit zusammengetragen.

Im weiteren Verlauf der Unterrichtsreihe werden neu gefundene Informationen zwischendurch ergänzt und abgeglichen. Hilfreiche Fragen können hierbei sein: „Ändert sich etwas in der Tabelle?", „Kommt etwas hinzu?" etc.

Präsentation

Die Präsentation der Ergebnisse ist als Plakat oder in Form einer digitalen Pinnwand möglich.

Differenzierungsmöglichkeiten

Sollten Schülerinnen oder Schüler diese Arbeit nicht alleine bearbeiten können oder wollen, besteht die Möglichkeit, leistungsheterogene Teams zu bilden.

Alternativ kann zu bestimmten Zeitpunkten mit einer Gruppe von Schülerinnen und Schülern mit Unterstützungsbedarf ein Zwischenresümee gezogen werden und die Steckbriefe können entsprechend ergänzt werden.

Schülerinnen und Schüler, denen die Erstellung der Steckbriefe leichtfällt, können zusätzliche Steckbriefe zu weiteren Figuren aus dem Buch anfertigen.

Mögliche Ergebnisse
Die Ergebnisse fallen je nach Figur unterschiedlich aus. Bei manchen Figuren ergeben sich im weiteren Verlauf der Handlung zusätzliche Informationen (z. B. Maxi, Basti, Marvin, Maxis Mutter, Bastis Mutter).

Andere Figuren hingegen bleiben statisch (z. B. Herr Mathison, Frau Werner etc.).

Zusatzideen
Wenn für unterschiedliche Figuren Steckbriefe angefertigt werden, können diese z. B. an einer „Steckbriefe-Girlande“ im Klassenzimmer präsentiert werden, sofern der Platz hierfür gegeben ist.

Alternativ können die Steckbriefe gesammelt und zu kleinen „Wer ist wer?“-Büchern verarbeitet werden.

Beide Varianten stellen sicher, dass den Schülerinnen und Schülern die wichtigsten Informationen zu den einzelnen Personen zur Verfügung stehen.

4.1.2 Äußerlichkeiten

Aufgabenkarte 02

MAXIMAL UNSICHTBAR AUFGABENKARTE NR. **02**

Das Aussehen der Figuren

Bei vielen Figuren verzichtet die Autorin bewusst auf die Beschreibung von Äußerlichkeiten.
Bitte überlege und diskutiere:

1. **Phase 1 (alleine)**
Warum werden keine Äußerlichkeiten beschrieben?
Welche Wirkung hat das auf dich?

2. **Phase 2 (zu zweit)**
Teile deine Ergebnisse mit einer Lernpartnerin oder mit einem Lernpartner. Überlegt gemeinsam:
   - Welche Wirkung hat das auf die Lesenden?
   - Worin könnte der Vorteil liegen?
   - Worin könnten Nachteile bestehen?
   - Wie ist eure Meinung dazu?

3. **Phase 3 (alle gemeinsam)**
Präsentiert und diskutiert eure Ergebnisse aus Phase 2.
Findet ihr Gemeinsamkeiten oder denkt ihr unterschiedlich darüber?

Didaktische Information

► Einsetzbar ab Seite 48

Aufgabe

Bei vielen Figuren verzichtet die Autorin bewusst auf die Beschreibung von Äußerlichkeiten.

Bitte überlege und diskutiere:

1) Phase 1 (alleine): Warum werden keine Äußerlichkeiten beschrieben? Welche Wirkung hat das auf dich?
2) Phase 2 (zu zweit): Teile deine Ergebnisse mit einer Lernpartnerin oder mit einem Lernpartner. Überlegt gemeinsam: Welche Wirkung hat das auf die Lesenden? Worin könnte der Vorteil liegen? Worin könnten Nachteile bestehen? Wie ist eure Meinung dazu?
3) Phase 3 (alle gemeinsam): Präsentiert und diskutiert eure Ergebnisse aus Phase 2. Findet ihr Gemeinsamkeiten oder denkt ihr unterschiedlich darüber?

Ziel

Die fehlenden Beschreibungen von Äußerlichkeiten im Sinne von Leerstellen als literarisch-stilistisches Mittel wahrnehmen und sie als Chance zur Identifikation und Immersion begreifen.

Methode

Die Ideen werden mittels der Think – Pair – Share-Methode gesammelt.

Präsentation

Es bietet sich an, die Ergebnisse aus Phase 2 und 3 in Form eines Clusters oder eine Tabelle zu präsentieren, in der konkrete Überlegungen zu den drei Aspekten Wirkung, Vorteile und Nachteile gesammelt werden. Dies ist sowohl als klassischer Tafelanschrieb möglich, als auch in Form von einzelnen Klebezetteln der Schülerinnen und Schüler, die bei der gemeinsamen Präsentation entsprechend arrangiert werden. Auch die gemeinsame Sammlung auf einer elektronischen Plattform ist sinnvoll.

Differenzierungsmöglichkeiten

Für manche Schülerinnen und Schüler kann sich der direkte Einstieg in diese eher abstrakten Überlegungen ggf. als zu schwierig gestalten. Sollte dies der Fall sein, kann der ersten Aufgabe eine Zeichenaufgabe vorangestellt werden. Der Arbeitsauftrag könnte hierbei z. B. lauten: „Wie stellst du dir Maxi vor? Bitte zeichne ein Bild.“ Beim Vergleich der Bilder dürfte auffallen, dass die Bilder unterschiedlich aussehen. Hieraus kann sich dann die gemeinsame Diskussion entwickeln.

Mögliche Ergebnisse
Der Verzicht auf die Beschreibung von Äußerlichkeiten bewirkt einerseits, dass die Lesenden sich ein individuelles Bild der handelnden Figuren schaffen können. In die Entstehung mentaler Bilder spielen oftmals Vorerfahrungen hinein, die durch die Offenheit der Figurenbeschreibungen nicht ausgeblendet werden müssen. Insbesondere durch die im Roman verwendete „Ich-Perspektive" soll so eine größtmögliche Nähe zwischen Figuren und Lesenden erzeugt werden. Die Lesenden dürfen eigene Figurenbilder entwickeln und werden nicht in ihrem Lesefluss irritiert, wenn beispielsweise das individuelle Bild einer braunhaarigen Dunja mit einer im Roman eingefügten Beschreibung von Dunjas blonden Locken korreliert.

Andererseits können ausformulierte Figurenbeschreibungen helfen, sich die Geschichtenwelt konkreter auszumalen. Insbesondere Lesenden mit wenig Leseerfahrung könnten diese Beschreibungen dabei helfen, sich ein anschauliches Bild von den Figuren zu machen. Umso wichtiger ist es in diesem Falle, die Entwicklung eines eigenen „Figurenbildes" anzuleiten und zu unterstützen.

Zusatzideen
Die Schülerinnen und Schüler entwerfen in Einzelarbeit von einer ausgewählten Figur eine schriftliche Personenbeschreibung, bezogen auf das Aussehen der Figur in den individuellen Vorstellungen der Schülerinnen und Schüler. Wahlweise beschreibt die Lerngruppe ein und dieselbe Figur. Alternativ finden sich Gruppen, die jeweils eine Figur beschreiben. Im Anschluss werden die Personenbeschreibungen verglichen.

Als Variation der oben genannten Zusatzaufgabe werden anstelle der Personenbeschreibungen Bilder der Figuren gemalt. Die Bilder werden auf einem Plakat gesammelt, das somit die vielfältigen Vorstellungen der jeweiligen Figur abbildet.

Die Schülerinnen und Schüler recherchieren nach Homepage und E-Mailadresse der Autorin und verfassen eine E-Mail, in der sie der Autorin mitteilen, wie sie den Verzicht auf die Beschreibung von Äußerlichkeiten finden (Ergebnisse aus Phase 2).

4.1.3 Überschriften

Aufgabenkarte 03

MAXIMAL UNSICHTBAR AUFGABENKARTE NR. **03**

Kapitelüberschriften finden

Die Autorin hat den meisten Kapiteln Zahlen als Überschriften gegeben.

1. Was glaubst du:
Warum hat sie das gemacht?
Bitte notiere deine Vermutungen.

....

....

....

....

2. Überlege dir bitte zu jedem Kapitel eine kurze Überschrift, damit du dich im Buch besser orientieren kannst.

3. Schreibe die Überschriften in dein Buch.
Falls das Buch dir nicht gehört oder du nicht hineinschreiben möchtest, erstelle bitte eine Tabelle.

	Kapitel	**Meine Überschrift**
1	365	
2	165	
...		

Tipp: Formuliere die Überschriften so, dass **du** später weißt, worum es in dem Kapitel geht.

Didaktische Information

▸ Einsetzbar ab Seite 75

Aufgabe

Die Autorin hat den meisten Kapiteln Zahlen als Überschriften gegeben.

1) Was glaubst du: Warum hat sie das gemacht? Bitte notiere deine Vermutungen.
2) Überlege dir bitte zu jedem Kapitel eine kurze Überschrift, damit du dich besser im Buch orientieren kannst.
3) Schreibe die Überschriften in dein Buch. Falls das Buch dir nicht gehört oder du nicht hineinschreiben möchtest, erstelle bitte eine Tabelle.

Tipp: Formuliere die Überschriften so, dass du später weißt, worum es in dem Kapitel geht.

Ziel

Auseinandersetzung mit dem Inhalt eines jeden Kapitels zum Erstellen einer passenden Überschrift.

Verbesserung der Orientierung innerhalb des Buches durch die Ergänzung inhaltsbezogener Überschriften.

Methode

In Einzelarbeit: Die Schülerinnen und Schüler füllen die Tabelle in Einzelarbeit lesebegleitend aus. Dies kann auch dazu genutzt werden, den individuellen Lesefortschritt zu dokumentieren.

Im Plenum: Beim gemeinschaftlichen Lesen besteht die Möglichkeit, sich im Anschluss an das gelesene Kapitel gemeinsam eine passende Überschrift zu überlegen.

Präsentation

Im Plenumsgespräch können die Überschriften verglichen und besprochen werden.

Differenzierungsmöglichkeiten

Diese Aufgabe wird lesebegleitend durchgeführt, d. h. sie orientiert sich an dem individuellen Lesetempo der Schülerinnen und Schüler. Der zeitliche Differenzierungsaspekt ist also aufgabenimmanent gegeben.
Schülerinnen und Schüler mit hohem Lesetempo können die Überschriften um zusätzliche inhaltliche Stichworte ergänzen.

Mögliche Ergebnisse

Durch die Nutzung der Zahlen als Kapitelüberschriften macht die Autorin den anfänglichen Leidensdruck von Maxima deutlich: Maxi zählt die Tage, an denen sie noch zur Schule muss und versucht, sich dadurch auf das Tag für Tag näher rückende Ende ihrer Schul- und Mobbingzeit zu konzentrieren. Obwohl das Ende des Schuljahres ein positives Ziel darstellt, ist das „Herunterzählen" von Schultagen negativ besetzt, da diesem Fokus ihre Mobbingerfahrungen zugrunde liegen. Das ändert sich am Ende des Buches, als Maxi neue, positive Perspektiven entwickelt. Ab diesem Zeitpunkt (Kapitel 14) fokussiert sie sich auf ihre Weiterentwicklung als aktive Rollenspielautorin und potentielle Rollenspielleiterin.

Hinsichtlich der Kapitelüberschriften können und dürfen individuell unterschiedlichste Titel entstehen. Eine inhaltliche Orientierung, um die Tragfähigkeit dieser Überschriften einzuschätzen, bietet die tabellarische Kapitelübersicht in Kapitel 3.2 dieser Handreichung.

Zusatzideen

Die Schülerinnen und Schüler können nach weiteren positiv besetzten „Zählaktionen" aus ihrem eigenen Erfahrungskontext suchen (Zum Beispiel: Adventskalender zum Zählen der Tage bis zum Weihnachtsfest; Ziffernliste zum Abschneiden, die die Tage bis zum eigenen Geburtstag aufführt etc.).

4.1.4 Wie stehen die Personen zueinander?

Aufgabenkarte 04

MAXIMAL UNSICHTBAR | AUFGABENKARTE NR. **04**

Wie stehen die Personen zueinander?

Maxima erzählt von ihrer Klasse und den Menschen in ihrem Leben. Wie die verschiedenen Personen zueinander stehen, kannst du gut in einem Bild darstellen.

1. Wähle eine Szene aus dem Buch.
Welche Personen kommen darin vor?

2. Nimm mehrere (Klebe-)Zettel.
Stelle aus jedem Zettel einen Avatar für eine Person her.
Wichtig ist eine „Nase", um zu erkennen, wohin die Person guckt.
Die Avatare können z. B. Formen mit Schrift sein (*siehe Kasten*).

3. Bitte überlege:
Wie stehen die Personen zueinander? – Wer steht eng beieinander? – Wer steht weit entfernt? – Wer guckt wohin?

4. Klebe deine Avatare auf ein leeres Blatt.
Positioniere sie so, wie du es dir in Aufgabe 3 überlegt hast.
Schreibe die Seitenzahl der Szene dazu.

5. Finde eine Mitschülerin oder einen Mitschüler.
Erkläre dein Bild.
Die Mitschülerin oder der Mitschüler darf Fragen stellen.
Die Avatare bewegen darfst nur du.

6. Fotografiere oder kopiere dein Ergebnis, denn:
Manchmal verändern sich die Positionen im Laufe des Romans.
Dank des Fotos oder der Kopie kannst du sie später vergleichen.

Beispielbild:
Kapitel 163, Pausenszene
(Seite 35-37)

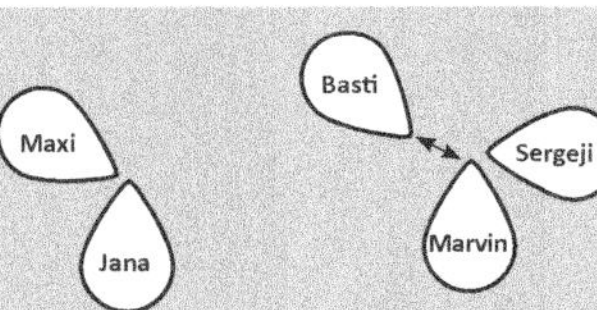

Didaktische Information

▸ Einsetzbar ab Seite 77

Aufgabe
Maxima erzählt von ihrer Klasse und den Menschen in ihrem Leben. Wie die verschiedenen Personen zueinander stehen, kannst du gut in einem Bild darstellen.

1) Wähle eine Szene aus dem Buch. Welche Personen kommen darin vor?
2) Nimm mehrere (Klebe-)Zettel. Stelle aus jedem Zettel einen Avatar für eine Person her. Wichtig ist eine „Nase", um zu erkennen, wohin die Person guckt. Die Avatare können z. B. Formen mit Schrift sein (siehe Kasten).
3) Bitte überlege: Wie stehen die Personen zueinander? - Wer steht eng beieinander? - Wer steht weit entfernt? - Wer guckt wohin?
4) Klebe deine Avatare auf ein leeres Blatt. Positioniere sie so, wie du es dir in Aufgabe 3 überlegt hast. Schreibe die Seitenzahl der Szene dazu.
5) Finde eine Mitschülerin oder einen Mitschüler.
   Erkläre dein Bild. Die Mitschülerin oder der Mitschüler darf Fragen stellen. Die Avatare bewegen darfst nur du.
6) Fotografiere oder kopiere dein Ergebnis, denn:
   Manchmal verändern sich die Positionen im Laufe des Romans. Dank des Fotos oder der Kopie kannst du sie später vergleichen.

Ziel
Das bildhafte Erfassen des Verhältnisses der Personen zueinander zu verschiedenen Zeitpunkten.

Vertiefte Auseinandersetzung mit dem eigenen Textverständnis durch die Verbalisierung dieser Einschätzung.

Methode
Der Inhalt dieses Buches lässt sich besonders gut über die Betrachtungen der Beziehungen der unterschiedlichen Charaktere zueinander erschließen. Diese verändern sich immer wieder. Daher empfiehlt es sich, an verschiedenen Punkten im Roman kurz innezuhalten, sich die Beziehungen anzuschauen und diese – quasi als „Schnappschuss" – festzuhalten. Auf diese Weise lassen sich die Veränderungen im Verlauf des Romans auch für Schülerinnen und Schüler sichtbar machen, die beim Erfassen des Gesamtzusammenhangs Unterstützung benötigen

Das Bild des sozialen Gefüges wird hierbei zunächst in Einzelarbeit erarbeitet.

Als Avatare eignen sich alle Formen, die beschriftbar sind und ein klares „Vorne“ bzw. eine klare „Blickrichtung“ haben. Sie können beispielsweise mit Klebenotizzetteln, Aufklebern oder Ähnlichem erstellt werden.

Wenn die Schülerinnen und Schüler ihr eigenes Bild präsentieren, darf die Zuhörerin bzw. der Zuhörer Verständnisfragen stellen, wie z. B. „Warum schaut … in eine andere Richtung?“ oder „Warum steht … da drüben?“.

Die Karten auf dem Bild, sofern sie nicht festgeklebt sind, dürfen ggf. bewegt und verschoben werden – aber nur von der Urheberin bzw. dem Urheber des Bildes.

Wichtig: Es geht hier nicht darum, die richtige Lösung zu finden, sondern die eigene Einschätzung der Situation darzustellen.

Präsentation
Die Ergebnisse werden in Zusammenarbeit mit einer Lernpartnerin bzw. einem Lernpartner präsentiert und erläutert. Darüber hinaus können die Ergebnisse im eigenen Lerntagebuch gesammelt werden.

Möglich ist auch das Zusammentragen der Erkenntnisse mit der gesamten Gruppe.

Differenzierungsmöglichkeiten
Wenn es einzelnen Schülerinnen oder Schülern zu Beginn schwerfällt, die Beziehungen symbolisch darzustellen, kann es hilfreich sein, sich das leere Blatt als Pausenhof, Klassenraum oder Turnhalle vorzustellen, wo sich alle Beteiligten versammeln.

Mit Schülerinnen und Schülern, die mehr Unterstützung benötigen, um sich im Verständnis der Lektüre sicher zu fühlen, besteht die Möglichkeit, die Ideen nach der Partnerarbeit in einer kleinen Gruppe noch einmal zusammen zu tragen, um ein Grundverständnis abzusichern.

Für Schülerinnen und Schüler, die versiert mit symbolischen Darstellungen umgehen, können Größen und Farben der Avatare freigegeben werden. Diese Farb- bzw. Größenauswahl wird dann in die Erklärung einbezogen (z. B. Maxima ist in dieser Situation klein, weil …). Auch eine digitale Gestaltung der Avatare ist möglich.

Die Veränderungen, die sich im Vergleich zum letzten Bild ergeben haben, können, je nach Fähigkeit der Schülerinnen und Schüler, schriftlich notiert oder verbal besprochen bzw. als Audiodatei aufgenommen werden.

Mögliche Ergebnisse
Individuell unterschiedliche Ergebnisse.
Als exemplarisches Beispiel dient die im unteren Bereich der Arbeitskarte abgebildete Grafik.

Zusatzideen
Bei Uneinigkeiten darüber, wo einzelne Personen stehen, empfiehlt es sich, auf das Buch zurückzugreifen. Folgende Impulse sind beispielsweise möglich:
a) Anhand des Textes begründen, warum die eigene Positionierung sinnvoll ist.
b) Mit Hilfe des Textes eine entsprechende Situation szenisch darstellen und überprüfen, welche der angedachten Position sinnvoller erscheint.
c) Thematisieren, ob es sein kann, dass verschiedene Menschen gleiche Situationen unterschiedlich einschätzen.

Im Anschluss an die Lektüre kann ein ähnliches Avatare-Bild für die eigene Klasse erstellt werden. Aber Vorsicht: Dabei auftretende Schwierigkeiten, wie deutlich aus dem Klassengefüge isolierte „Außenseiterinnen“ bzw. „Außenseiter“, dürfen nie ignoriert werden! Es muss immer um die Zielsetzung gehen, dass alle Schülerinnen und Schüler in der Klasse eine Position bekommen, mit der und in der sie sich wohlfühlen.

4.1.5 Bericht in der Presse

Aufgabenkarte 05

MAXIMAL UNSICHTBAR — AUFGABENKARTE NR. 05

Bericht in der Presse

Wir kennen Maximas Bericht vom Schulfest.
Aber auch ein Vertreter der Presse wird vom Schulfest berichten.
Vielleicht erscheint sein Artikel in einer Zeitung.
Oder vielleicht in einem Nachrichtenportal im Internet.
Was könnte in einem solchen Bericht stehen?
Bitte verfasse einen Artikel.

1. Für welche Art von Zeitung oder Internetseite möchtest du schreiben?
   Sicherlich weißt du:
   Es gibt solche, die sachliche Informationen vermitteln. Und es gibt solche, die eher reißerisch aufgemacht sind.
2. Überlege dir, welche Informationen für deinen Artikel wichtig sind.
3. Schreibe deinen Artikel.
4. Überarbeite und formatiere deinen Artikel so, dass du ihn veröffentlichen kannst.

Schlagzeile deines Artikels

Die Unterzeile macht nähere Angaben zum Thema

Danach folgt dein Artikel mit einer Einleitung mit Antworten auf die W-Fragen.	In der Regel hat ein Zeitungsartikel mehrere Spalten. Da das schwierig zu formatieren ist, kannst du deinen Zeitungsartikel auch in *einer* Spalte schreiben. Vergiss nicht, deinen Artikel in der Endredaktion auch auf Rechtschreibfehler zu überprüfen.	Tipp: Nähere Informationen zu Zeitungsartikeln findest du hier: https://www.stiftunglesen.de/loslesen/lesetipps-und-aktionsideen/detail/zeitungen-im-unterricht 

Didaktische Information

▶ Einsetzbar ab Seite 237

Aufgabe

Wir kennen Maximas Bericht vom Schulfest.
Aber auch ein Vertreter der Presse wird vom Schulfest berichten.
Vielleicht erscheint sein Artikel in einer Zeitung.
Oder vielleicht in einem Nachrichtenportal im Internet.
Was könnte in einem solchen Bericht stehen?
Bitte verfasse einen Artikel.

1) Für welche Art von Zeitung oder Internetseite möchtest du schreiben? Sicherlich weißt du: Es gibt solche, die sachliche Informationen vermitteln. Und es gibt solche, die eher reißerisch aufgemacht sind.
2) Überlege dir, welche Informationen für deinen Artikel wichtig sind.
3) Schreibe deinen Artikel.
4) Überarbeite und formatiere deinen Artikel so, dass du ihn veröffentlichen kannst.

Ziel

Zusammenfassung und genauere Definition dessen, was am Tag des Schulfestes tatsächlich passiert ist.

Antizipation der Reaktion außenstehender Personen auf den Vorfall auf der Bühne.

Methode

Diese Aufgabe lässt sich sowohl in Einzel- als auch in Partnerarbeit durchführen.

Nach dem ersten Schreiben sollte der entstandene Text mit etwas zeitlichem Abstand noch einmal überprüft und ggf. überarbeitet werden. Hierfür eignen sich z. B. die Methoden Schreibkonferenz, Textlupe und Ähnliche.

Präsentation

Die Ergebnisse dieser Aufgabe können, entsprechend formatiert und ausgedruckt, als Wandzeitung ausgehängt werden. Hier sollte, wie bei allen Veröffentlichungen, eine Endredaktion die Rechtschreibung absichern. Diese Endredaktion kann durch Schülerinnen oder Schüler oder auch durch die Lehrperson geleistet werden.
Alternativ ist auch eine digitale Variante möglich, die jedoch nur in einem datensicheren, geschützten digitalen Raum präsentiert werden sollte.

Differenzierungsmöglichkeiten
Dies ist eine anspruchsvolle Aufgabe für Schülerinnen und Schüler, die in der Lage sind, konkret geschilderte Situationen zu abstrahieren und die Reaktionen von Außenstehenden zu antizipieren. Darüber hinaus sind sie gefordert, Rückgriff auf ihr Wissen in Bezug auf Zeitungen und Nachrichten zu nehmen. Bei Bedarf sollten hier individuelle Hilfestellungen angeboten werden, um die Auseinandersetzung mit diesem abstrakten Thema zu erleichtern.

Hilfreich ist zusätzlich ein Materialtisch mit Zeitungen, Magazinen, Internetartikeln etc. Vielleicht findet sich im Archiv oder auf den Internetseiten der eigenen Schule sogar ein realer Pressebericht, in dem über die Schule berichtet wurde.

Bei Schülerinnen und Schülern, die zwar Schwierigkeiten mit dem Schreiben, aber gute Ideen haben, empfiehlt sich die Zusammenarbeit mit einer Partnerin oder einem Partner, die oder der die Verschriftlichung übernimmt.

Mögliche Ergebnisse
Individuell unterschiedliche Ergebnisse.

Zusatzideen
Im Rahmen eines szenischen Spiels können die „Reporterinnen und Reporter" ihren Bericht vorstellen, indem sie diesen z. B. im Zusammenhang mit einer fiktiven Reportage oder als Nachrichtensprecherin bzw. Nachrichtensprecher präsentieren.

4.2 Sprache und Kommunikation

4.2.1 Unterstützt kommunizieren – Ausprobieren 1

Aufgabenkarte 06

MAXIMAL UNSICHTBAR AUFGABENKARTE NR. 06

Unterstützt kommunizieren – Ausprobieren 1

Bastian spricht mit Hilfe seines Talkers.
Das dauert länger und braucht Geduld - von allen.
Wie fühlt es sich an, so viel Zeit zum Kommunizieren zu brauchen?
Finde es heraus.

1. Finde bitte eine Gesprächspartnerin oder einen Gesprächspartner.

2. Anstelle eines Talkers verwendet ihr Stift und Papier.
Eine Person verständigt sich schreibend.
Der oder die andere verständigt sich wie gewohnt.
Im Kasten steht, wie es geht.

Einigt euch, wer in der ersten Runde schreibt (später wird getauscht).

Unterhaltet euch darüber, wie ihr die Szene in der Mensa fandet (Seite 30-31).
Könnt ihr verstehen, warum die Leute sich so verhalten haben?

Macht euch Notizen zu eurem Gespräch: Was lief gut an eurem Gespräch? –
Was war schwierig? – Wie habt ihr Probleme gelöst?

Wechselt die Rollen.

Unterhaltet euch darüber, warum es hilfreich ist, sprechen zu können.

Macht euch wieder Notizen zu eurem Gespräch: Was lief gut an eurem
Gespräch? – Was war schwierig? – Wie habt ihr Probleme gelöst?

Unterstützt kommunizieren – Ausprobieren 1

1. Gespräch Wer schreibt?: ....

Das lief gut an unserem Gespräch: ....

....

....

Das war schwierig bei unserem Gespräch: ....

....

....

Diese Lösung ist uns eingefallen: ....

....

....

Rollenwechsel

2. Gespräch Jetzt schreibt: ....

Das lief gut an unserem Gespräch: ....

....

....

Das war schwierig bei unserem Gespräch: ....

....

....

Diese Lösung ist uns eingefallen: ....

....

....

Didaktische Information

▸ Einsetzbar ab Seite 25

Aufgabe

Bastian spricht mit Hilfe seines Talkers.
Das dauert länger und braucht Geduld - von allen.
Wie fühlt es sich an, so viel Zeit zum Kommunizieren zu brauchen? Finde es heraus.

1) Finde bitte eine Gesprächspartnerin oder einen Gesprächspartner.
2) Anstelle eines Talkers verwendet ihr Stift und Papier. Eine Person verständigt sich schreibend. Der oder die andere verständigt sich wie gewohnt. Im Kasten steht, wie es geht.

Zusatzinfo im Kasten:

- Einigt euch, wer in der ersten Runde schreibt (später wird getauscht).
- Unterhaltet euch darüber, wie ihr die Szene in der Mensa fandet (Seite 30-31). Könnt ihr verstehen, warum die Leute sich so verhalten haben?
- Macht euch Notizen zu eurem Gespräch.
- Was lief gut an eurem Gespräch? – Was war schwierig? – Wie habt ihr Probleme gelöst?
- Wechselt die Rollen.
- Unterhaltet euch darüber, warum es hilfreich ist, sprechen zu können.
- Macht euch Notizen zu eurem Gespräch. Was lief gut an eurem Gespräch? – Was war schwierig? – Wie habt ihr Probleme gelöst?

Ziel

Eine Idee davon bekommen, wie anders und wieviel langsamer die Unterhaltung wird, wenn man auf ein Hilfsmittel zur Kommunikation angewiesen ist.

Methode

Die Aufgabe wird in Partnerarbeit durchgeführt.

Präsentation

Die Erfahrungen können im Rahmen eines Plenumsgespräches diskutiert werden.

Differenzierungsmöglichkeiten

Um die Kommunikation zu vereinfachen, kann im Vorfeld das gemeinsame Thema konkretisiert werden.

Mögliche Ergebnisse
Individuell unterschiedliche Ergebnisse.

Zusatzideen
Um einen Eindruck zu bekommen, wie das Sprechen mit einem Talker mit Augensteuerung abläuft, gibt es die Möglichkeit, einer jungen Frau beim unterstützten Sprechen über die Schulter zu schauen:

https://youtu.be/tMv8BuX45dg

Darüber hinaus gibt es z. B. dieses Video eines Mädchens, das man bei der Talkernutzung beobachten kann. Sie beantwortet dabei Fragen über die Kommunikation per Talker:

https://youtu.be/dborleSy9Y4

4.2.2 Unterstützt kommunizieren 2 – Der „echte" Buchstaben-Code

Aufgabenkarte 07

MAXIMAL UNSICHTBAR AUFGABENKARTE NR. **07**

Der „echte" Buchstaben-Code

In Kapitel 159 stellt Bastian seine Buchstabentafel vor.
Sie orientiert sich an dem Buchstabensystem der unterstützt kommunizierenden Rehabilitationswissenschaftlerin Kathrin Lemler.

1. Sieh dir bitte das folgende Video an, in dem Kathrin Lemler ihr Kommunikationssystem vorstellt: https://youtu.be/inccNLZKmiE

2. In das Video ist eine Übung eingebettet, in der du den Buchstabencode entschlüsseln kannst. Probiere es aus.

3. Beschreibe deine Eindrücke von dem Video. Was ist dir am Anfang durch den Kopf gegangen? Was hast du am Ende des Videos gedacht? Wie hat das Entziffern des Augenalphabetes funktioniert?

Tipp: Wenn für dich das Buchstabier-Tempo im Video zu hoch war, finde eine Lernpartnerin oder einen Lernpartner.
Nutzt die Buchstabentafeln aus dem Buch (Kapitel 159).
Wechselt euch ab:
Eine Person buchstabiert mit den Augen.
Die andere Person entziffert den Blick-Code.

A	B	C	G	H	I	M	N	O
D	E	F	J	K	L	P	Q	R
S	T	U	Y	Z	St	Ei	Au	Pf
V	W	X/ß	Ch	Sch	Eu	Ä	Ö	Ü

O	N	M	I	H	G	C	B	A
R	Q	P	L	K	J	F	E	D
Pf	Au	Ei	St	Z	Y	U	T	S
Ü	Ö	Ä	Eu	Sch	Ch	X/ß	W	V

Didaktische Information

▶ Einsetzbar ab Seite 98

Aufgabe

In Kapitel 159 stellt Bastian seine Buchstabentafel vor. Sie orientiert sich an dem Buchstabensystem der unterstützt kommunizierenden Rehabilitationswissenschaftlerin Kathrin Lemler.

1) Sieh dir bitte das folgende Video an, in dem Kathrin Lemler ihr Kommunikationssystem vorstellt: https://www.youtube.com/watch?v=inccNLZKmiE
2) In das Video ist eine Übung eingebettet, in der du den Buchstabencode entschlüsseln kannst. Probiere es aus.
3) Beschreibe deine Eindrücke von dem Video. Was ist dir am Anfang durch den Kopf gegangen? Was hast du am Ende des Videos gedacht? Wie hat das Entziffern des Augenalphabetes bei dir funktioniert?
   Wenn für dich das Buchstabier-Tempo im Video zu hoch war, finde eine Lernpartnerin oder einen Lernpartner. Nutzt die Buchstabentafeln aus dem Buch (Kapitel 159). Wechselt euch ab: Eine Person buchstabiert mit den Augen. Die andere Person entziffert den Blick-Code.

A	B	C	G	H	I	M	N	O
D	E	F	J	K	L	P	Q	R
S	T	U	Y	Z	St	Ei	Au	Pf
V	W	X/ß	Ch	Sch	Eu	Ä	Ö	Ü

O	N	M	I	H	G	C	B	A
R	Q	P	L	K	J	F	E	D
Pf	Au	Ei	St	Z	Y	U	T	S
Ü	Ö	Ä	Eu	Sch	Ch	X/ß	W	V

Ziel

Die „Blick-Tafel“ als eine Form der Unterstützten Kommunikation kennenlernen und anwenden.

Methode

In Einzelarbeit wird das Video geschaut.
Die Buchstabier-Übung mit Kommunikations-Tafel erfolgt in Partnerarbeit.

Präsentation

Der Erfahrungsaustausch erfolgt in Form eines Plenumsgespräches.

Differenzierungsmöglichkeiten

Um das Erlesen der „Luftbuchstaben" zu erleichtern, kann das buchstabierte Wort vorweg angekündigt werden, zum Beispiel „Ich werde jetzt das Wort ‚Schulhof' buchstabieren". Das erleichtert die Orientierung der lesenden Kommunikationspartnerin bzw. des lesenden Kommunikationspartners. Diese Hilfestellung kann dann Stück für Stück ausgeblendet werden, indem man beispielweise bekannte, kurze Wörter wie „Hallo" ohne Vorankündigung buchstabiert.

Mögliche Ergebnisse

Individuell unterschiedliche Ergebnisse.

Zusatzideen

- Auf beispielsweise YouTube sind weitere Übungen dieser Art zu finden. Zudem gibt es Videos, in denen Kathrin Lemler und andere Nutzerinnen und Nutzer von Unterstützter Kommunikation ihre augengesteuerten Sprachcomputer vorführen (siehe auch Arbeitskarte 06 „Unterstützt kommunizieren - Ausprobieren").
- Recherche über die Rehabilitationswissenschaftlerin Kathrin Lemler (z. B. www.kathrinlemler.com, YouTube etc.).
- Recherche über Unterstützte Kommunikation (z. B. Gesellschaft für Unterstützte Kommunikation e. V. www.gesellschaft-uk.org oder die diversen Beratungsstellen für Unterstützte Kommunikation, z. B. www.fbz-uk.uni-koeln.de/einrichtungen/uk-beratungsstelle).

4.2.3 Bastians Sprüche

Bastians Sprüche

Bastian hat auf seinem Talker einige Sprüche vorbereitet (Seite 26, Seite 31 und Seite 36).

1. Was glaubst du:
Warum hat Basti genau diese Sprüche vorbereitet?

....

....

....

....

Tipp: Lies auf Seite 124 nach.

2. Stelle dir vor, du hättest selber einen Talker.
Welche Sätze würdest du vorbereiten?
Schreibe bitte mindestens 2 Sätze auf.

....

....

....

....

3. Du findest im Buch noch andere Sprüche, die Bastian vorbereitet hat.
Bitte notiere diese Sprüche, die Seiten und die Zeilen.

....

....

....

....

4. Vergleiche bitte mit einer Lernpartnerin oder einem Lernpartner, ob ihr die gleichen Sprüche entdeckt habt.

Didaktische Information

▸ Einsetzbar ab Seite 36

Aufgabe

Bastian hat auf seinem Talker einige Sprüche vorbereitet (Seite 26, Seite 31 und Seite 36).

1) Was glaubst du: Warum hat Basti genau diese Sprüche vorbereitet?
2) Stelle dir vor, du hättest selber einen Talker. Welche Sätze würdest du vorbereiten? Schreibe bitte mindestens 2 Sätze auf.
3) Du findest im Buch noch andere Sprüche, die Bastian vorbereitet hat. Bitte notiere diese Sprüche, die Seiten und die Zeilen.
4) Vergleiche bitte mit einer Lernpartnerin oder einem Lernpartner, ob ihr die gleichen Sprüche entdeckt habt.

Ziel

Sowohl bei unterstützt Kommunizierenden als auch bei nicht unterstützt Kommunizierenden kann eine Vorformulierung von Redebeiträgen zu schlagfertigen Äußerungen beitragen. In der Unterstützung von Schülerinnen und Schülern, die Deutsch als Zweitsprache erlernen, kennt man solche Redeformeln unter dem Begriff Chunks. Aber auch für deutsche Muttersprachlerinnen und Muttersprachler kann diese Technik nützlich sein.
Somit ergeben sich die folgenden Ziele:

- Identifikation wiederkehrender Kommunikationssituationen, mit denen Bastian konfrontiert ist, und auf die er mit vorformulierten Talkerbeiträgen reagiert hat.
- Übertragung dieser Technik auf den eigenen Lebenszusammenhang der Schülerinnen und Schüler.
- Gegebenenfalls Nutzung dieser Technik im Alltag.

Methode

Die Schülerinnen und Schüler arbeiten zunächst in Einzelarbeit. Damit haben sie die Möglichkeit, sich sowohl mit den Sprüchen, die Bastian vorbereitet hat, inhaltlich auseinanderzusetzen, als auch eigene Bedürfnisse wahrzunehmen und entsprechende Sätze vorzubereiten.

Ein Austausch mit einer Lernpartnerin bzw. einem Lernpartner findet in Bezug auf andere „Sprüche-Stellen" im Buch statt.

Ein Austausch über die eigenen Sprüche kann freiwillig stattfinden, sollte aber nicht forciert werden, da dieser Teil unter Umständen sensible Bereiche der Schülerinnen- und Schülerpersönlichkeit berührt.

Präsentation
Für das Ergebnis dieser Überlegungen ist keine Präsentation vorgesehen.

Differenzierungsmöglichkeiten
Schülerinnen und Schülern, denen es schwerfällt, sich im Buch zu orientieren, können folgende zusätzliche Seitenangaben helfen:
27, 28, 67, 72, 115, 124 und 174.

Mögliche Ergebnisse
Basti bereitet Sprechtexte vor, die er häufig benötigt. Mit diesen vorgefertigten Aussagen kann er schneller kommunizieren. Typische Situationen sind beispielsweise:

- Vorstellungsrunden, siehe z. B. Kapitel 164, Seite 26 ff. (Bastian stellt sich seiner Klasse vor), Kapitel „Erster Samstag", Seite 67 ff. (Bastian stellt sich dem LARPer Yannis vor) und Kapitel 157, Seite 115 (Bastian stellt sich im Musikunterricht vor).
- Anfeindungen von anderen. Durch vorbereitete Texte kann Bastian schlagfertig auf Beleidigungen wie „Du Spasti" (Seite 36) oder „Du Opfer" (Seite 36) reagieren.

Weitere Beispiele für Bastians vorbereitete Sprechtexte finden sich auf den Seiten 31, 36 f., 72, 124 und 174.

Zusatzideen
Die Taktik „Sprüchevorbereiten" kann auch auf andere Figuren übertragen und durchgespielt werden, zum Beispiel gleich zu Beginn des Buches bei Maxima. Folgende Frage könnte hierfür als Impuls dienen: „Häufig ärgert Marvin Maxima wegen ihres Namens (Kapitel 165, Seite 16). Angenommen, sie hätte schon im ersten Kapitel Bastians „Sprüche-Strategie" gekannt, welche Sprüche hätten ihr helfen können, sich gegen Marvin zu behaupten?"

4.2.4 Worte machen (Menschen-)Bilder

Aufgabenkarte 09

MAXIMAL UNSICHTBAR AUFGABENKARTE NR. **09**

Worte machen (Menschen-)Bilder

Für Marvin ist Bastian anfangs nur „der Spasti".
Und auch Maxi braucht eine Weile, bis sie sich sprachlich an Basti gewöhnt.

1. Bitte untersuche:
Mit welchen Worten bezieht sich Maxi in Kapitel 164 auf Basti?
Wie präsent ist den Lesenden Bastians Behinderung?
Kreuze deine Einschätzung auf der Skala an.
Begründe deine Einschätzung anhand der Textstellen.

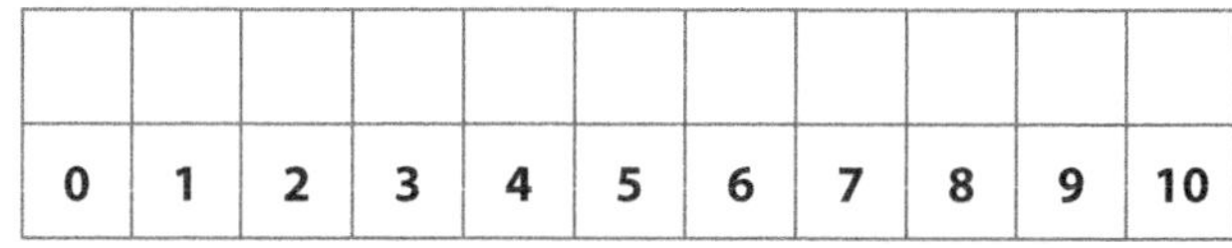

0	**1**	**2**	**3**	**4**	**5**	**6**	**7**	**8**	**9**	**10**

0 = gar nicht präsent ←→ 10 = extrem präsent

2. Wie ist Maxis Wortwahl in Kapitel 150?
Wie präsent ist den Lesenden Bastians Behinderung?
Kreuze deine Einschätzung auf der Skala an.
Begründe deine Einschätzung anhand der Textstellen.

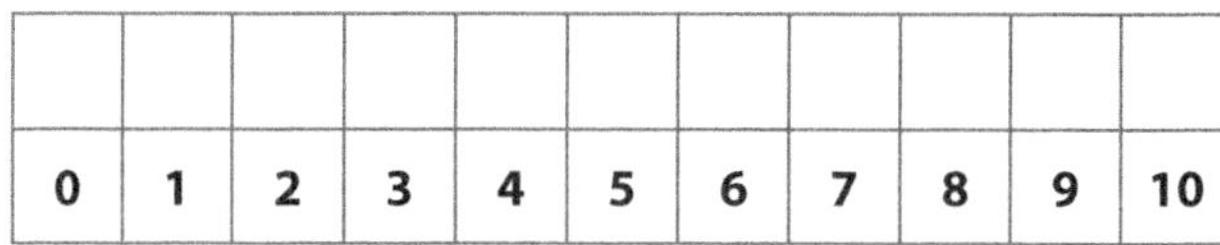

0	**1**	**2**	**3**	**4**	**5**	**6**	**7**	**8**	**9**	**10**

0 = gar nicht präsent ←→ 10 = extrem präsent

Didaktische Information

► Einsetzbar ab Seite 200

Aufgabe
Für Marvin ist Bastian anfangs nur „der Spasti".
Und auch Maxi braucht eine Weile, bis sie sich sprachlich Basti annähert.

1) Bitte untersuche:
   Mit welchen Worten bezieht sich Maxi in Kapitel 164 auf Basti? Wie präsent ist den Lesenden Bastians Behinderung?
   Kreuze deine Einschätzung auf der Skala an (Skala von 0 bis 10). Begründe deine Einschätzung anhand der Textstellen.
2) Wie ist Maxis Wortwahl in Kapitel 150? Wie präsent ist den Lesenden Bastians Behinderung? Kreuze deine Einschätzung auf der Skala an (Skala von 0 bis 10). Begründe deine Einschätzung anhand der Textstellen.

Ziel
Sprachliche Sensibilisierung für die Stigmatisierung durch Sprache.

Methode
Die Wortanalyse wird in Einzelarbeit durchgeführt.

Präsentation
Der Vergleich der Ergebnisse erfolgt im Plenum.

Differenzierungsmöglichkeiten
Schülerinnen und Schüler, die mit der Aufgabe sehr schnell fertig sind, können sich im Internet über die Bedeutung sprachlicher Sensibilität informieren, indem sie beispielsweise die Texte und Podcasts von Inklusionsaktivist Raul Krauthausen hören bzw. lesen (https://raul.de) oder auf den Internetseiten von https://leidmedien.de recherchieren.

Mögliche Ergebnisse
Kapitel 164: der Rollstuhlfritze, der Behinderte, sabbert, robottert, Bahnstimme, Spucke, Computerstimme, „so einen", „der da".

Kapitel 150: Hier wird Bastian schlicht durch seinen Namen präsentiert, ohne Stigmatisierung durch Begriffe wie „der Behinderte" etc. Wenn Bastian spricht, heißt es z. B. „‚Cool', sagt Basti", d. h. seine Lautsprache wird nicht mehr durch die technischen Hilfsmittel erklärt.

Zusatzideen

Den Einsatz stigmatisierender Sprache bei anderen Figuren aufdecken, beispielsweise bei den Küchendamen (Kapitel 164: „... der im Rollstuhl, der nicht sprechen kann") oder bei Yannis („Down Syndromer, Armamputierte - alles schon dagewesen").

4.2.5 Maxi spricht

Aufgabenkarte 10

MAXIMAL UNSICHTBAR AUFGABENKARTE NR. **10**

Maxi spricht

Maxis Sprech-Anteile verändern sich im Laufe der Geschichte.

1. Zähle bitte die Wörter, die Maxi in den angegebenen Szenen spricht (siehe Kasten). Erstelle daraus ein vergleichendes Säulendiagramm.

Kapitel 165, Seite 16
(= Szene 1, erste Unterrichtsstunde)
Wie viele Wörter spricht Maxi laut aus?

Kapitel 158, Seite 103
(= Szene Gespräch Maxi und Doc Müller)
Wie viele Wörter spricht Maxi laut aus?

Kapitel Schulfest, Seite 230
(= Szene Schulfest Bühne)
Wie viele Wörter spricht Maxi laut aus?

2. Bitte überlege:
Was könnte zu dieser Veränderung geführt haben?
Schreibe deine Vermutung auf einen Zettel.

3. Sammelt gemeinsam die Zettel an Tafel, Pinnwand oder Ähnlichem.
Fertigt mit den Zetteln ein Cluster an.
Zu welchen Ergebnissen kommt ihr?

Didaktische Information

▶ Einsetzbar ab Seite 237

Aufgabe
Maxis Sprech-Anteile verändern sich im Laufe des Buches.

1) Zähle bitte die Wörter, die Maxi in den angegebenen Szenen spricht: (1) Kapitel 165, Seite 16 (= Szene 1 Unterrichtsstunde) /(2) Kapitel 158, Seite 103 (= Szene Gespräch Maxi und Doc Müller) /(3) Kapitel Schulfest, Seite 230 (= Szene Schulfest Bühne)
   Erstelle daraus ein vergleichendes Säulendiagramm.
2) Bitte überlege: Was könnte zu dieser Veränderung der Sprachanteile geführt haben? Schreibe deine Vermutung auf einen Zettel.
3) Sammelt gemeinsam die Zettel an Tafel, Pinnwand oder Ähnlichem. Fertigt mit den Zetteln ein Cluster an. Zu welchen Ergebnissen kommt ihr?

Ziel
Bewusstsein über die Entwicklung der Figur „Maxi" schärfen.

Sensibilisierung für den Einsatz körpereigener Kommunikationsformen.

Resilienzfaktoren erkennen („Das macht Maxi stark").

Methode
In Einzelarbeit wird ein Säulendiagramm gezeichnet.

Im Plenum wird ein Cluster von Ergebniskarten erstellt.

Präsentation
Das Cluster der Ergebniskarten wird präsentiert.

Mögliche Ergebnisse
Ergebnis Wörterzählen:
Kapitel 165, Seite 16 (= Szene Erste Unterrichtsstunde bis Pause) = 2 Wörter („Nicht wirklich")

Kapitel 158, Seite 103 (= Szene Gespräch Doc Müller - Maxi) = 20 Wörter („'tschuldigung." / „Was?" / „Der ist nicht so behindert, wie er aussieht." / „Wir haben nur Quatsch gemacht." / „Normal." / „Mit Angucken. Und so.")

Kapitel Schulfest, Seite 230 (= Szene Schulfest Bühne, von „Im Live-Rollenspiel darf Bastian nur mitmachen, weil er hinter einem Tisch mit riesiger Tischdecke geparkt wird, damit man seinen Rollstuhl nicht sieht. ..." bis „... größeres Display für Pornos ist."): = 259 Wörter

Zu Beginn der Geschichte kommuniziert Maxi hauptsächlich über Körpersprache, z. B. Kopfschütteln, Nicken, Schulterzucken (Seite 16). Einzige Ausnahme ist ihre Freundin Jana, mit der sie verbalsprachlich entspannt spricht.

Mit zunehmendem Verlauf der Geschichte spricht Maxi mehr und mehr. Zunächst vor allem mit einzelnen Mitschülerinnen bzw. Mitschülern (Jana, Basti, Luam). Aber auch im außerschulischen Bereich wird sie kommunikativ aktiver, z. B. mit Bastians Eltern oder mit dem Rollenspieler Yannis.

Am Ende bricht Maxi schließlich vollends aus ihrer Schweigsamkeit und ihrer Unsichtbarkeit aus, indem sie auf der Aula-Bühne vor versammeltem Publikum die aktuelle Situation beschreibt.

Mögliches Ergebnis zur Frage „Was hat zu dieser Veränderung geführt":
Es gibt eine Vielzahl von Faktoren, die bewirken, dass Maxi zunehmend mutiger, sichtbarer und lauter wird. Exemplarisch, aber nicht ausschließlich, können die folgenden Punkte genannt werden:

Durch ihre aktive Zusammenarbeit mit Bastian und ihre gemeinsamen Projektrecherchen ergeben sich immer mehr Erfolgserlebnisse und Maxi erfährt positive Bestätigung (Resilienzfaktor: Selbstwirksamkeit).

Darüber hinaus erweitert sie durch die Zusammenarbeit und Freundschaft mit Bastian den Kreis ihrer sozialen Kontakte (z. B. Bastis Eltern, Yannis, die Rollenspiel-Community). Dadurch kommt es zu einer Zunahme der Situationen, in denen sie nicht gemobbt wird (Resilienzfaktor: Netzwerkorientierung).

Durch die Strategien zum Umgang mit Mobbing, die Bastian ihr vermittelt, legt sie mehr und mehr ihre Opferrolle ab und erlebt sich als selbstbewusst. Immer öfter ersetzt sie negative Gedanken durch positive (Resilienzfaktor: Selbstverantwortung).

Differenzierung
Bei Bedarf können die drei zu untersuchenden Textstellen aufgeteilt werden, so dass nicht alle Passagen bearbeitet werden müssen, sondern pro Schülerin bzw. Schüler nur eine.
Schülerinnen und Schüler, die die Aufgabe sehr schnell erledigt haben, können die Textstellen gezielt im Hinblick auf die sieben Resilienzschlüssel nach HELLER (2013) untersuchen (vgl. Aufgabenkarte 17, Kapitel 4.4.2 „Resilienzschlüssel").

Zusatzideen
Obwohl Maxi anfangs kaum verbalsprachlich spricht, kommuniziert sie dennoch. Aber wie? Als Impulsfragen können diesbezüglich die beiden unten aufgeführten Fragestellungen eingesetzt werden, die sich auf die erste Szene beziehen (Kapitel 165, Seite 16 (= Szene 1 Unterrichtsstunde). Durch die Beschäftigung mit diesen Fragen wird der Bogen zum Themenbereich „Körpereigene Kommunikationsformen" geschlagen – ein wichtiger Bestandteil der Kommunikation.
Impulsfragen:
a) „Wie kommuniziert Maxi?"
b) „Welche Körpersprachformen setzt sie ein?"

4.3 Mobbing

4.3.1 Formen von Mobbing

Aufgabenkarte 11

Formen von Mobbing (Seite 1 von 2)

Mobbing kann in vielen unterschiedlichen Formen auftreten.
Manche sind deutlich erkennbar.
Manche sind weniger deutlich.
Eine Übersicht über verschiedene Formen von Mobbing findest du in der Tabelle auf der nächsten Seite.

1. Bitte überlege:
Welche Formen des Mobbings erlebt Maxi?

2. Bitte kreuze an, welche Varianten Maxi erlebt.
Notiere die Seitenzahl mit der passenden Textstelle.

3. Vergleicht eure Ergebnisse.
Erklärt dabei (mündlich), woran Mobbing in den Textstellen sichtbar wird.

In dieser Textstelle erkenne ich eine Form von Mobbing, weil …

Formen von Mobbing (Seite 2 von 2)

Welche Mobbing-Varianten erlebt Maxi ?

Mobbing-Varianten	Seite
Aktive, körperliche Mobbing-Handlungen der Täterinnen bzw. Täter	
❑ Körperliche Gewalt gegen das Opfer	
❑ Erpressung des Opfers	
❑ Diebstahl oder Beschädigung von Gegenständen des Opfers	
❑ Zerstörung von im Unterricht erarbeiteten Materialien des Opfers	
❑ Beschädigung und Diebstahl von Kleidungsstücken und Schulmaterial des Opfers	
❑ Knuffen und Schlagen des Opfers	
❑ Sexuelle Belästigung des Opfers	
Passive, psychische Mobbinghandlungen der Täterinnen bzw. Täter	
❑ Ausgrenzen des Opfers aus der Schulgemeinschaft	
❑ Auslachen des Opfers	
❑ Verletzende Bemerkungen über das Opfer	
❑ Ungerechtfertigte Anschuldigungen gegen das Opfer	
❑ Erfinden von Gerüchten und Geschichten über das Opfer (zunächst hinter dem Rücken, später umso offener)	
❑ Verpetzen des Opfers	
❑ Androhung körperlicher Gewalt gegen das Opfer	
❑ Das Ignorieren oder Missachten des Opfers (stummes Mobbing)	
Cyber-Mobbing durch die Täterinnen bzw. Täter	
❑ Das Beleidigen, Bedrohen, Bloßstellen oder Belästigen des Opfers mittels moderner Kommunikationsmittel	

Auflistung nach Seitz/ Hiebel 2012

Didaktische Information

► Einsetzbar ab Seite 212

Aufgabe

Mobbing kann in vielen unterschiedlichen Formen auftreten.
Manche sind deutlich erkennbar. Manche sind weniger deutlich. Eine Übersicht über verschiedene Formen von Mobbing findest du in der Tabelle auf der nächsten Seite.

1) Bitte überlege: Welche Formen des Mobbings erlebt Maxi?
2) Bitte kreuze an, welche Varianten Maxi erlebt. Notiere die Seitenzahl mit der passenden Textstelle.
3) Vergleicht eure Ergebnisse. Erklärt dabei (mündlich), woran Mobbing in den Textstellen sichtbar wird.

	Mobbing-Varianten	Seite
	Aktive, körperliche Mobbing-Handlungen der Täterinnen bzw. Täter	
☐	Körperliche Gewalt gegen das Opfer	
☐	Erpressung des Opfers	
☐	Diebstahl oder Beschädigung von Gegenständen des Opfers	
☐	Zerstörung von im Unterricht erarbeiteten Materialien des Opfers	
☐	Beschädigung und Diebstahl von Kleidungsstücken und Schulmaterial des Opfers	
☐	Knuffen und Schlagen des Opfers	
☐	Sexuelle Belästigung des Opfers	
	Passive, psychische Mobbinghandlungen der Täterinnen bzw. Täter	
☐	Ausgrenzen des Opfers aus der Schulgemeinschaft	
☐	Auslachen des Opfers	
☐	Verletzende Bemerkungen über das Opfer	
☐	Ungerechtfertigte Anschuldigungen gegen das Opfer	
☐	Erfinden von Gerüchten und Geschichten über das Opfer (zunächst hinter dem Rücken, später umso offener)	
☐	Verpetzen des Opfers	
☐	Androhung körperlicher Gewalt gegen das Opfer	
☐	Das Ignorieren oder Missachten des Opfers (stummes Mobbing)	
	Cyber-Mobbing durch die Täterinnen bzw. Täter	
☐	Das Beleidigen, Bedrohen, Bloßstellen oder Belästigen des Opfers mittels moderner Kommunikationsmittel	

Die Tabelle mit Mobbing-Varianten orientiert sich an dem Buch „Mobbing – Prävention und Intervention“ von SEITZ und HIEBL (2012).

Ziel
Sensibilisierung für verschiedene Formen von offenem und verdecktem Mobbing.

Einordnung der Mobbingvarianten in den Kontext der Geschichte.

Methode
Die Aufgaben werden in Einzelarbeit bearbeitet.

Nach der Bearbeitung der Aufgaben erfolgt der Austausch im Plenum oder alternativ ein Austausch in Kleingruppen oder mit einer Lernpartnerin bzw. einem Lernpartner.

Präsentation
Die Ergebnisse werden im Plenum besprochen.

Differenzierungsmöglichkeiten
Diese Aufgabe wird bewusst ausschließlich auf die fiktive Figur Maxima bezogen. In einer vertrauensvollen Atmosphäre ist es unter Umständen denkbar, das Thema „Mobbing-Varianten" im Hinblick auf eigene Erfahrungen der Schülerinnen und Schüler zu thematisieren. Dieses Vorgehen muss jedoch sensibel begleitet werden. Abhängig von den Beiträgen der Schülerinnen und Schüler und deren direkten oder indirekten Mobbingerfahrungen kann hierdurch mitunter auch eine langfristige Aufarbeitung des Themas erforderlich werden.

Mögliche Ergebnisse

MAXIMAL UNSICHTBAR | AUFGABENKARTE NR. **11**

Formen von Mobbing – LÖSUNGSVORSCHLAG

Welche Mobbing-Varianten erlebt Maxi ?

Mobbing-Varianten	Seite
Aktive, körperliche Mobbing-Handlungen der Täterinnen bzw. Täter	
☐ Körperliche Gewalt gegen das Opfer	
☐ Erpressung des Opfers	
☒ Diebstahl oder Beschädigung von Gegenständen des Opfers	S. 128
☒ Zerstörung von im Unterricht erarbeiteten Materialien des Opfers	S. 94
☒ Beschädigung und Diebstahl von Kleidungsstücken und Schulmaterial des Opfers	S. 94
☒ Knuffen und Schlagen des Opfers	S. 197
☒ Sexuelle Belästigung des Opfers	S. 196
Passive, psychische Mobbinghandlungen der Täterinnen bzw. Täter	
☒ Ausgrenzen des Opfers aus der Schulgemeinschaft	S. 20
☒ Auslachen des Opfers	S. 17
☒ Verletzende Bemerkungen über das Opfer	S. 16
☒ Ungerechtfertigte Anschuldigungen gegen das Opfer	S. 21
☒ Erfinden von Gerüchten und Geschichten über das Opfer (zunächst hinter dem Rücken, später umso offener)	S. 197
☒ Verpetzen des Opfers	S. 94
☐ Androhung körperlicher Gewalt gegen das Opfer	
☐ Das Ignorieren oder Missachten des Opfers (stummes Mobbing)	
Cyber-Mobbing durch die Täterinnen bzw. Täter	
☒ Das Beleidigen, Bedrohen, Bloßstellen oder Belästigen des Opfers mittels moderner Kommunikationsmittel	S. 223

Auflistung nach Seitz/ Hiebel 2012

Ergänzende Anmerkung
Einige Mobbingvarianten liegen sehr nah beieinander. Wenn Maxi davon berichtet, dass Marvin ihr Pausenbrot stiehlt (S. 128), entspricht dies dem Punkt „Diebstahl oder Beschädigung von Gegenständen des Opfers“. Die Englischbücher und -hefte von Maxi, die bekritzelt und beschmiert im Mülleimer vor dem Lehrerzimmer auftauchen, können sowohl dem Punkt „Beschädigung und Diebstahl von Kleidungsstücken und Schulmaterial des Opfers“ sowie dem Punkt „Zerstörung von im Unterricht erarbeiteten Materialien des Opfers“ zugerechnet werden.
Der Punkt „sexuelle Belästigung“ ist in der Pausenszene in Kapitel 150 zu finden: Marvin zwingt Maxima seine körperliche Nähe auf, indem er sie zu sich zieht, neben sich hält und schließlich, als beide sitzen, ihren Oberschenkel tätschelt.

Zusatzideen
Hilfe bei Mobbing bieten z. B. die Sozialarbeiterinnen und Sozialarbeiter in Schulen ebenso wie spezielle Beratungsstellen. Hier könnten Interviews mit diesen Personen geführt werden, um Näheres über präventive und deeskalierende Maßnahmen gegen Mobbing zu erfahren.

MAXIMAL UNSICHTBAR — AUFGABENKARTE NR. 12

Endlich wieder Handys in der Schule?!

Marvin hat sich bei Frau Kösel für eine Aufhebung des Handyverbots eingesetzt und war damit erfolgreich (S. 146).

1. Wie reagieren die Schülerinnen und Schüler in der Klasse auf die Aufhebung des Handyverbots?

2. Diskutiert in eurer Klasse:
   Wie ist eure Meinung zum Thema „Handyverbot"?

3. Sammelt Argumente für und gegen Handys in der Schule auf einem Plakat (erstes Meinungsbild).

Dafür:	Dagegen:

4. Bitte überlegt:
   Wie kann die Handynutzung Mobbing *verringern*?
   Wie kann die Handynutzung Mobbing *verstärken*?

5. Erstellt ein zweites Meinungsbild.
   Hat sich etwas verändert?
   Wenn ja: Was hat sich verändert?
   Was schließt ihr daraus?

Didaktische Information

► Einsetzbar ab Seite 146

Aufgabe

Marvin hat sich bei Frau Kösel für eine Aufhebung des Handyverbots eingesetzt und war damit erfolgreich (S. 146).

1) Wie reagieren die Schülerinnen und Schüler in der Klasse auf die Aufhebung des Handyverbots?
2) Diskutiert in eurer Klasse: Wie ist eure Meinung zum Thema „Handyverbot"?
3) Sammelt Argumente für und gegen Handys in der Schule auf einem Plakat (erstes Meinungsbild).
4) Bitte überlegt: Wie kann die Handynutzung Mobbing verringern? Wie kann die Handynutzung Mobbing verstärken?
5) Erstellt ein zweites Meinungsbild. Hat sich etwas verändert? Wenn ja: Was hat sich verändert? Was schließt ihr daraus?

Ziel

Kritische Auseinandersetzung mit dem Thema „Handy in der Schule".

Vor- und Nachteile der Handynutzung im Kontext Mobbing und Mobbingreduktion bzw. Mobbingprävention erkennen.

Methode

Zunächst setzen sich die Schülerinnen und Schüler in Einzelarbeit mit der Reaktion auf die Aufhebung des Handyverbots auseinander.

Das weitere Vorgehen wird im Plenum (Meinungsbild erstellen) und in Gruppenarbeit (Überlegungen: Verhindert oder verstärkt die Handynutzung Mobbing) realisiert.

Ein Meinungsbild lässt sich digital über gängige Kollaborations-Apps mit Balkendiagrammen oder einer Zielscheibendarstellung darlegen. Analog lässt sich ein Meinungsbild auch klassisch über „Bepunkten" erstellen. Dazu bekommt jede an der Abfrage beteiligte Person einen Klebepunkt, den sie oder er auf eines der bereits auf ein Plakat geklebten oder geschriebenen Argumente platziert.

Das erste Meinungsbild sollte bei der Erstellung des neuen Meinungsbildes nicht sichtbar sein, sondern erst im Anschluss zur vergleichenden Präsentation herangezogen werden.

Präsentation
Die Präsentation der Meinungsbilder erfolgt im Plenum, je nach gewählter Form an der Tafel, auf einem Flipchart, als digital projizierte Kartensammlung etc.

Für die beiden Meinungsbilder wird die gleiche Darstellungsform genutzt, um eine Vergleichbarkeit der beiden Varianten zu gewährleisten.

Differenzierungsmöglichkeiten
Um allen Schülerinnen und Schülern die Möglichkeit zu geben, sich angemessen auf die Diskussion vorzubereiten, kann zum Beispiel zunächst in Einzelarbeit die Stelle, in der der Verzicht auf das Handyverbot verkündet wird, noch einmal gelesen werden (Kapitel 155, S. 145-146).

Darüber hinaus kann es für einige Schülerinnen und Schüler hilfreich sein, sich schon im Vorfeld der Diskussion mit der Frage, was für oder gegen Handys spricht, zu beschäftigen und ihre Überlegungen zu notieren. Die Entstehung neuer Argumente während der Diskussionsphase sollte dabei aber nicht unterbunden werden.

Mögliche Ergebnisse
Je nach Schülerschaft und Mediennutzungskompetenz können unterschiedlichste Ergebnisse entstehen. Wie auch immer diese aussehen, geben sie Auskunft über die derzeitige Einschätzung der Schülerinnen und Schüler und können als Ausgangspunkt für eine weitere Beschäftigung mit dem Thema „Handy in der Schule“ genutzt werden.

Zusatzideen
Im Abgleich mit den bestehenden Handyregeln in der Klasse können Konkretisierungen, Veränderungen oder Ausnahmen formuliert werden.

4.3.3 Was hätte anders laufen können?

Aufgabenkarte 13

MAXIMAL UNSICHTBAR AUFGABENKARTE NR. **13**

Was hätte anders laufen können?

Maxima hat schon seit einiger Zeit Erfahrungen mit Mobbing. Möglicherweise hätte es schon zu einem früheren Zeitpunkt Gelegenheit gegeben, etwas dagegen zu tun.

1. Überlege dir, *in welcher Situation* du anders gehandelt hättest als Maxi.
Schreibe es bitte auf.

....

....

....

....

2. Was hättest du an Maxis Stelle *getan*?
Hättest du Hilfe geholt?
Wen hättest du angesprochen?
Was hättest du gemacht?
Schreibe es bitte auf.

....

....

....

....

....

....

....

....

3. Überlege gemeinsam mit einer Partnerin oder einem Partner, ob diese Möglichkeiten realistisch gewesen wären.

Didaktische Information

▶ Einsetzbar ab Seite 95

Aufgabe

Maxima hat schon seit einiger Zeit Erfahrungen mit Mobbing.
Möglicherweise hätte es schon zu einem früheren Zeitpunkt Gelegenheit gegeben, etwas dagegen zu tun.

1) Überlege dir, in welcher Situation du anders gehandelt hättest als Maxi. Schreibe es bitte auf.
2) Was hättest du an Maxis Stelle getan? Hättest du Hilfe geholt? Wen hättest du angesprochen? Was hättest du gemacht? Schreibe es bitte auf.
3) Überlege gemeinsam mit einer Partnerin oder einem Partner, ob diese Möglichkeiten realistisch gewesen wären.

Ziel

Übertrag der Erfahrungen der Hauptfiguren auf die eigene Lebenswirklichkeit mit Entwicklung von Handlungsalternativen.

Methode

Zunächst setzen sich die Schülerinnen und Schüler in Einzelarbeit mit der Frage auseinander, an welchen Stellen im Text sie für sich eine Situation entdecken, in der sie anders gehandelt hätten. Auf Basis dieser Situation entwickeln sie Handlungsalternativen, die sie individuell notieren.

Im anschließenden Austausch mit einer Partnerin oder einem Partner wird die alternative Lösung hinsichtlich ihrer Umsetzbarkeit überprüft und ggf. angeglichen.

Präsentation

Je nach Schwerpunktsetzung im Unterricht können die Handlungsalternativen einerseits individuell in einem Lerntagebuch o. ä. gesammelt werden. Andererseits können die erarbeiteten Lösungswege klassenintern zusammengetragen werden. Hieraus wächst ein Portfolio an Tipps und Ratschlägen zum Umgang mit Mobbing (siehe auch „Zusatzideen").

Differenzierungsmöglichkeiten

Abhängig von der Leistungsfähigkeit der Schülerinnen und Schüler besteht die Möglichkeit, ihnen die freie Auswahl zu lassen, welche Szene sie sich aussuchen.

Alternativ können Sie ihnen konkrete Vorschläge hinsichtlich der zu bearbeitenden Textpassagen bieten, zum Beispiel in Form von entsprechenden Hinweisen auf einem Hilfetisch.
Textpassagen, die sich für diese Aufgabe eignen, finden sich an folgenden Stellen:
Seite 13
Seite 14
Seite 15-16
Seite 24
Seite 39
Seite 47-48
Seite 77
Seite 94-95
Seite 146
Seite 161-163
Seite 173
Seite 195-198
Seite 223-224

Zusatzideen
Im Sinne einer Portfolioarbeit können die gesammelten Ideen zur Prävention von Mobbing bzw. dem Umgang mit Mobbing am Ende der Reihe klassenintern gemeinsam gesichtet und zusammengefasst werden. Hieraus kann eine Liste mit Hilfetipps oder ein „Anti-Mobbing-Ordner" angelegt werden, wahlweise analog oder digital. Über die Nutzung innerhalb der eigenen Klasse hinaus können diese Materialien z. B. an jüngere Klassen weitergegeben und dort – lektüreunabhängig – weiterentwickelt werden.

4.3.4 Daten im Netz

Aufgabenkarte 14

MAXIMAL UNSICHTBAR AUFGABENKARTE NR. **14**

Eigene Daten im Netz – oder: Das Netz vergisst nie!

Maxi erzählt auf Seite 237, Zeile 14-15:

„Die Memes hat man gestern Abend schon gar nicht mehr so leicht im Netz finden können.“

Ist es wirklich so leicht, Informationen oder Bilder aus dem Internet zu löschen?

Recherchiere bitte im Internet:

1. An welche Stelle kann man sich wenden, wenn man Daten löschen möchte, die man nicht selber eingestellt hat?
2. Gibt es ein Recht darauf, Inhalte löschen zu lassen?
3. Hat jede Person selbst das Recht, zu bestimmen, was mit dem eigenen Bild passiert?
4. Recherchiere bitte in den Nutzerbedingungen deines Messenger-Dienstes. Finde heraus, was mit den Daten passiert, die du dort einstellst.
5. Worauf muss man achten, wenn man Bilder anderer Menschen ins Internet stellen möchte?
6. Worauf sollte man achten, wenn man eigene Bilder oder Daten ins Internet stellen möchte?

Didaktische Information

► Einsetzbar ab Seite 237

Aufgabe

Maxi erzählt auf Seite 237, Zeile 14-15:

„Die Memes hat man gestern Abend schon
gar nicht mehr so leicht im Netz finden können.“

Ist es wirklich so leicht, Informationen oder Bilder aus dem Internet zu löschen? Recherchiere bitte im Internet:

1) An welche Stelle kann man sich wenden, wenn man Daten löschen möchte, die man nicht selber eingestellt hat?
2) Gibt es ein Recht darauf, Inhalte löschen zu lassen?
3) Hat jede Person selbst das Recht, zu bestimmen, was mit dem eigenen Bild passiert?
4) Recherchiere bitte in den Nutzerbedingungen deines Messenger-Dienstes. Finde heraus, was mit den Daten passiert, die du dort einstellst.
5) Worauf muss man achten, wenn man Bilder anderer Menschen ins Internet stellen möchte?
6) Worauf sollte man achten, wenn man eigene Bilder oder Daten ins Internet stellen möchte?

Ziel

Im Gegensatz zur ausgeprägten Bedienkompetenz im Bereich der neuen Medien seitens unserer Schülerinnen und Schüler, fällt die Medienkompetenz in Bezug auf Hintergrundwissen, Datensicherheit, Verantwortung und Kenntnis rechtlicher Bedingungen oftmals deutlich zurück.

Mit einem Klick sind schnell eigene Daten oder Daten fremder Menschen hochgeladen. Im Gegensatz zu analogen Medien verliert man dabei schnell die Übersicht, wer auf diese Daten Zugriff hat und wer diese Daten eventuell weiterleitet. Ein vielfach geteiltes Video ist dann auf unterschiedlichen Plattformen zu sehen, ohne dass der ursprüngliche Urheber davon Kenntnis, geschweige denn Zugriff darauf hat. Dieser Tatsache sind sich viele Schülerinnen und Schüler nicht bewusst. Andere nehmen es billigend in Kauf, ohne sich über die kurz- bzw. langfristigen Konsequenzen Gedanken zu machen.

Daher besteht das Ziel dieser Aufgaben in der Sensibilisierung für die Themen Datenschutz und Verantwortung im Umgang mit modernen Medien.

Methode
Die sechs auf der Aufgabenkarte vermerkten Rechercheaufträge können als „Komplettpaket" bearbeitet werden. Alternativ besteht die Möglichkeit, diese Aufgaben als einzelne Rechercheaufgaben in Form von Recherche-Karten anzubieten, sodass jeweils die Schülerinnen und Schüler, die eine andere Aufgabe bereits zu Ende bearbeitet haben, sich mit einem Rechercheauftrag beschäftigen können.

Die Rechercheaufgaben sind bewusst recht offen gestaltet, um die Komplexität der Rechtslage oder Nutzerbedingungen zu unterstreichen.

Präsentation
Die Rechercheergebnisse können zentral gesammelt werden.
Nach Möglichkeit werden diese Informationen zum Beispiel in einer Wandzeitung, einer digitalen Pinwand oder Ähnlichem gebündelt, auf die im weiteren Verlauf des Schuljahres immer wieder zurückgegriffen werden kann.

Differenzierungsmöglichkeiten
Die Rechercheaufgaben sind in Einzel- oder Partnerarbeit möglich.

Einzelne Schülerinnen oder Schüler können für einzelne Rechercheaufgaben zuständig sein (arbeitsteiliges Arbeiten).

Mögliche Ergebnisse
In jedem Bundesland gibt es von den zuständigen Ministerien organisierte Anlaufpunkte, um sich gezielt über solche Themen zu informieren. Darüber hinaus gibt es die Initiative klicksafe im CEF (Connecting Europe Facility) Telecom Programm der Europäischen Union für mehr Sicherheit im Internet.
Hinsichtlich der verwendeten Messenger-Dienste variiert die Datensicherheit von Dienst zu Dienst.

Zusatzideen
Im Rahmen der Beschäftigung mit diesem Buch wird es möglicherweise noch andere weiterführende Fragen zum Thema „Daten im Netz" geben. Diese können beispielsweise auf Karten gesammelt werden, die sich dann zu einem Fragespeicher zusammenfügen lassen. Jede Schülerin bzw. jeder Schüler, die oder der Zeit hat, findet auf diese Weise schnell eine Rechercheaufgabe (die thematisch auch über das Thema Datensicherheit hinausgehen darf).

4.3.5 Marvins Gespräch mit der Schulleitung

Aufgabenkarte 15

MAXIMAL UNSICHTBAR — AUFGABENKARTE NR. **15**

Marvins Gespräch mit der Schulleitung

Maxima berichtet, dass Marvin, sein Opa und sein Vater von Frau Bergschaff zum Gespräch gebeten wurden.

- Wie könnte das Gespräch verlaufen sein?
- Was wurde besprochen?
- Was haben die einzelnen Personen gesagt?
- Welche Gründe könnte Marvin nennen, um sein Verhalten zu erklären?
- Wer schlägt eine Lösung vor?
- Bekommt Marvin eine Hilfe oder eine Strafe?
- Worauf haben sich die vier Personen geeinigt?
- Wie sieht eine Einigung aus, an die sich Marvin halten kann?

1. Bitte bildet Gruppen und überlegt:
Was könnte jede einzelne Person in dem Gespräch sagen?
Sammelt gemeinsam eure Ideen und schreibt sie auf.
Legt für jede Person eine Gesprächskarte an.

2. Habt ihr für jede Person etwas gefunden, das sie zum Gespräch beitragen soll?
Dann bereitet euch darauf vor, das Gespräch vorzuspielen.
Spielt das Gespräch einmal durch.

3. Fehlt noch etwas?
Habt ihr neue Ideen?
Dann ergänzt sie auf den Gesprächskarten.

4. Tauscht mindestens einmal die Rollen.
Spielt das Gespräch mit den neuen Rollen.

Beachtet bitte:
- Bleibt in euren Rollen.
- Jede bzw. Jeder soll zu Wort kommen.

Didaktische Information

▸ Einsetzbar ab Seite 237

Aufgabe

Maxima berichtet, dass Marvin, sein Opa und sein Vater von Frau Bergschaff zum Gespräch gebeten wurden.

- Wie könnte das Gespräch verlaufen sein?
- Was wurde besprochen?
- Was haben die einzelnen Personen gesagt?
- Welche Gründe könnte Marvin nennen, um sein Verhalten zu erklären?
- Wer schlägt eine Lösung vor?
- Bekommt Marvin eine Hilfe oder eine Strafe?
- Worauf haben sich die vier Personen geeinigt?
- Wie sieht eine Einigung aus, an die sich Marvin halten kann?

1) Bitte bildet Gruppen und überlegt: Was könnte jede einzelne Person in dem Gespräch sagen? Sammelt gemeinsam eure Ideen und schreibt sie auf. Legt für jede Person eine Gesprächskarte an.
2) Habt ihr für jede Person etwas gefunden, das sie zum Gespräch beitragen soll? Dann bereitet euch darauf vor, das Gespräch vorzuspielen. Spielt das Gespräch einmal durch.
3) Fehlt noch etwas? Habt ihr neue Ideen? Dann ergänzt sie auf den Gesprächskarten.
4) Tauscht mindestens einmal die Rollen. Spielt das Gespräch mit den neuen Rollen.

Beachtet bitte: Bleibt in euren Rollen. Jede bzw. Jeder soll zu Wort kommen.

Ziel

Auseinandersetzung mit den Konsequenzen aus dem regelwidrigen Verhalten Marvins.

Erkennen, dass das Finden einer passenden Konsequenz von unterschiedlichen Einstellungen oder Empfindungen abhängt.
Diskussion: Gibt es in einem solchen Falle tatsächlich Gerechtigkeit?

Darüber hinaus ist die Frage nach den Beweggründen Marvins zu beantworten.

Methode

Die Schülerinnen und Schüler arbeiten in Gruppen zusammen. Sie sammeln gemeinsam für jede einzelne Person aus dem Buch Aspekte, die diese in dem Gespräch sagen könnte, und notieren sie auf Karteikarten oder einem Blatt Papier. Dann folgt das szenische Spiel, in dem dieses Gespräch erprobt wird.

Je nach Lern- oder Arbeitsgruppe empfiehlt es sich, für Punkt 2 eine (Mindest-) Anforderung zu benennen.

Mindestens einmal werden die Rollen getauscht. Die Schülerinnen und Schüler wechseln hierbei ihre Rollenkarte untereinander und organisieren diesen Rollentausch eigenständig.

Vor der Präsentation einigen sich die Schülerinnen und Schüler bestenfalls gemeinsam, wer welche Rolle übernimmt.
Sie sollten das Rollenspiel, das sie später vorstellen, mindestens einmal durchgespielt haben.

Präsentation
Das Ergebnis der Überlegungen wird im Rollenspiel präsentiert. Die Zuschauerinnen und Zuschauer bekommen einen Hörauftrag, der wie folgt lauten kann:
1) Ist in dem Rollenspiel jeder zu Wort gekommen?
2) Hat Marvin gute Gründe genannt, warum er sich so verhalten hat?
3) Sind die vier zu einer Einigung gekommen, wie sich Marvins Verhalten zukünftig ändern soll?
4) Ist dies eine Lösung, an die Marvin sich halten kann oder will?

Diese vier Aufträge können an unterschiedliche Schülerinnen- bzw. Schülergruppen verteilt werden. Jede Präsentation kann als Anlass genommen werden, die Wirksamkeit der Konsequenzen zu hinterfragen („Bietet das eine tragbare Perspektive für die Zukunft?“).

Wichtig: Bei der Präsentation kommt es weniger auf die schauspielerische Umsetzung der Rollen an. Das einzige zu beachtende Kriterium lautet: Die Schülerinnen und Schüler bleiben in der Perspektive ihrer Rolle.

Differenzierungsmöglichkeiten
Die jeweiligen Gruppen können heterogen oder homogen zusammengesetzt werden. Dabei können beispielsweise der Leistungsstand, die Position im Klassengefüge und die Frage, wie selbstbewusst die Schülerinnen und Schüler eine Rolle übernehmen können, herangezogen werden.

Besteht die Gefahr, dass beim selbstständig organisierten Rollenwechsel einzelne Schülerinnen oder Schüler von anderen gezielt benachteiligt werden, kann alternativ die Neuverteilung der Rollen ausgelost werden.

In der Präsentationsphase lassen sich die Zuschauer-Aufträge je nach Leistungsvermögen der Schülerinnen und Schüler differenzieren – nach Anzahl oder Komplexität.

Mögliche Ergebnisse

Die Ergebnisse ergeben ein individuelles Abbild der Konsequenzen, die Ihre Schülerinnen und Schüler aus ihrer eigenen Lebenswelt kennen. Dabei ist es spannend, die Konsequenzen auf ihre Intention (z. B. „nur" Bestrafung, damit Marvin zur Einsicht kommt, im Gegensatz zur Konsequenz im Sinne einer Wiedergutmachung) zu überprüfen.

Zusatzideen

Gemeinsame Überlegungen mit den Schülerinnen und Schülern, zum Beispiel zu folgender Fragestellung: „Gibt es an der eigenen Schule Streitschlichter? Falls ja: Wie werden dort solche Gespräche geführt?"

Interview der Schülerinnen und Schüler mit der eigenen Schulleitung, beispielsweise mit Fragen wie: „Wenn Marvins Memes an Ihrer Schule entstanden wären, welche Konsequenzen hätte es in diesem Fall gegeben?"

4.4 Selbstbild und Resilienz

4.4.1 Wie ist die Welt für Bastian und Maxima?

Aufgabenkarte 16

MAXIMAL UNSICHTBAR AUFGABENKARTE NR. **16**

Wie ist die Welt für Bastian und Maxima?

Bastian und Maxima reagieren in ähnlichen Situationen unterschiedlich auf die Herausforderungen des Alltags.

1. Finde Situationen, die sich für Maxi und Basti ähneln. Notiere in einer Tabelle, wie die beiden jeweils reagieren.

Situation	So verhält sich Maxima	So verhält sich Bastian
Marvin reißt blöde Sprüche (S. 20, S. 36)	- versucht, sich unsichtbar zu machen (S. 20)	
...		

2. Bitte überlege:
Wessen Verhalten findest du besser?
Wie fühlt sich die Figur bzw. wie fühlen sich die Figuren?

3. Finde eine Lernpartnerin oder einen Lernpartner.
Bitte vergleicht:
Welche Situationen habt ihr gefunden, in denen Maxi und Basti sich unterschiedlich verhalten?
Ergänzt eure Tabellen.

4. Erklärt euch gegenseitig, wessen Verhalten ihr in den einzelnen Situationen besser findet.
Begründet, warum ihr es besser findet.

5. Überlegt gemeinsam, was die beiden voneinander lernen können.
Markiert diese Aspekte in eurer Tabelle farbig.

Didaktische Information

► Einsetzbar ab Seite 62

Aufgabe

Bastian und Maxima reagieren in ähnlichen Situationen unterschiedlich auf die Herausforderungen des Alltags.

1) Finde Situationen, die sich für Maxi und Basti ähneln. Notiere in einer Tabelle, wie die beiden jeweils reagieren.
2) Bitte überlege: Wessen Verhalten findest du besser? Wie fühlt sich die Figur bzw. wie fühlen sich die Figuren?
3) Finde eine Lernpartnerin oder einen Lernpartner. Bitte vergleicht: Welche Situationen habt ihr gefunden, in denen Maxi und Basti sich unterschiedlich verhalten? Ergänzt eure Tabellen.
4) Erklärt euch gegenseitig, wessen Verhalten ihr in den einzelnen Situationen besser findet. Begründet, warum ihr es besser findet.
5) Überlegt gemeinsam, was die beiden voneinander lernen können. Markiert diese Aspekte in eurer Tabelle farbig.

Ziel

Ein Bewusstsein dafür entwickeln, dass die Einschätzung einer Situation auf der Basis der eigenen Interpretation geschieht.

Exemplarische Anwendung dieses Wissens auf ausgewählte Szenen aus dem Buch.

Methode

Die Schülerinnen und Schüler arbeiten zunächst in Einzelarbeit und setzen sich individuell mit der Aufgabe auseinander.

Anschließend teilen sie ihre Überlegungen mit einer Partnerin oder einem Partner und reflektieren bzw. beurteilen die Güte der Strategien, die von den Protagonisten des Buches angewendet werden.

Präsentation

Die Schülerinnen und Schüler stellen sich gegenseitig ihre Erkenntnisse in der Partnerarbeit vor.

Darüber hinaus können besonders markante Beispiele im Klassengespräch in der Abschlussrunde aufgegriffen werden.

Differenzierungsmöglichkeiten
Hilfreich ist die Bereitstellung eines Tipp-Tisches, auf dem Karten mit Tipps Hinweise auf Textstellen geben, in denen die gleiche Situation unterschiedlich interpretiert wird.

Eine heterogene Zusammensetzung der Partnerarbeit bietet die Chance, dass sich Schülerinnen und Schüler mit eigenen Hilfestellungen in den Arbeitsprozess einbringen, um Mitschülerinnen und Mitschüler mit Hilfebedarf zu unterstützen.

Mögliche Ergebnisse
Es entstehen individuell unterschiedliche Ergebnisse.

Zusatzideen
Im Vorfeld kann es günstig sein, gemeinsam zu überlegen, welche Vorteile bestimmte Deutungsansätze zur Beurteilung einer Situation bieten können.

Aufgabenkarte 17

MAXIMAL UNSICHTBAR AUFGABENKARTE NR. **17**

7 Schlüssel für Stärke

Gegen Ende des Romans will Maxi ihren Mitschülerinnen und Mitschülern gegenüber nicht mehr „unsichtbar" sein, sondern stellt sich Herausforderungen wie dem Konflikt mit Marvin.
Sie zeigt Stärke, obwohl sie durch Marvins Mobbing viele negative Erfahrungen machen musste.
Der Fachbegriff für diese Form von Stärke heißt: Resilienz.

Es gibt unterschiedliche Wege, resilient und stark zu werden, zum Beispiel in Form dieser sieben „Resilienz-Schlüssel":

1. Akzeptanz – Die Dinge annehmen: Es ist, wie es ist.
2. Optimismus – Es wird besser werden!
3. Selbstwirksamkeit – Ich schaffe das!
4. Verantwortung – Raus aus der Opferrolle!
5. Netzwerkorientierung – Gemeinsam geht es besser.
6. Lösungsorientierung – Viele Wege führen zum Ziel.
7. Zukunftsorientierung – Den Blick nach vorne richten.

1. Untersuche bitte den Textabschnitt auf Seite 239 bis 240 (Kapitel „Vierter Sonntag") auf diese Faktoren, indem du eine Tabelle nach dem unten abgebildeten Muster erstellst.
In diese Tabelle ordnest du bitte Maxis Verhalten und deine Vermutungen über ihre Beweggründe ein.

Akzeptanz	Optimismus	Selbstwirk-samkeit	Verant-wortung	Netzwerk-orientierung	Lösungs-orientierung	Zukunfts-orientierung

Didaktische Information

▸ Einsetzbar ab Seite 239

Aufgabe

Gegen Ende des Romans will Maxi ihren Mitschülerinnen und Mitschülern gegenüber nicht mehr „unsichtbar" sein, sondern stellt sich Herausforderungen wie dem Konflikt mit Marvin. Sie zeigt Stärke, obwohl sie durch Marvins Mobbing viele negative Erfahrungen machen musste. Der Fachbegriff für diese Form von Stärke heißt: Resilienz. Es gibt unterschiedliche Wege, resilient und stark zu werden, zum Beispiel in Form dieser sieben „Resilienz-Schlüssel":

1) Akzeptanz – Die Dinge annehmen: Es ist, wie es ist.
2) Optimismus – Es wird besser werden!
3) Selbstwirksamkeit – Ich schaffe das!
4) Verantwortung – Raus aus der Opferrolle!
5) Netzwerkorientierung – Gemeinsam geht es besser.
6) Lösungsorientierung – Viele Wege führen zum Ziel.
7) Zukunftsorientierung – Den Blick nach vorne richten.

Untersuche bitte den Textabschnitt auf Seite 239 bis 240 (Kapitel „Vierter Sonntag") auf diese Faktoren, indem du eine Tabelle erstellst. In diese Tabelle ordnest du bitte Maxis Verhalten und deine Vermutungen über ihre Beweggründe ein.

Akzeptanz	Optimismus	Selbstwirksamkeit	Verantwortung	Netzwerkorientierung	Lösungsorientierung	Zukunftsorientierung

Ziel

Sensibilisierung für und Vermittlung von Techniken zur Stärkung der eigenen Resilienz unter Nutzung der Resilienzschlüssel nach Prof. Dr. Jutta Heller (HELLER 2013).

Methode

Die Bearbeitung dieser Aufgabe findet in Einzelarbeit statt.

Präsentation

Bei einer gemeinsamen Diskussion werden die Ergebnisse präsentiert.

Mögliche Ergebnisse

Keine Ergebnisvorgabe, da hier vielfältige, individuelle Varianten wahrscheinlich und erwünscht sind.

Differenzierung
Anstelle der Bearbeitung der kompletten Tabelle können Schülerinnen und Schüler jeweils eine einzelne Spalte bearbeiten.

Zusatzideen
Diese Tabelle kann auch zum Aufzeigen von Resilienzschlüssel-Beispielen von Bastian genutzt werden.

4.4.3 Streit(-kultur)

Aufgabenkarte 18

MAXIMAL UNSICHTBAR — AUFGABENKARTE NR. **18**

Streit(-kultur)

Maxima ist es gewohnt, von Marvin geärgert zu werden. Aber als Bastian mit in die Sprüche einsteigt, ist sie sehr enttäuscht.

1. Lies die Seiten 161 bis 163 noch einmal.

2. Beantworte bitte folgende Fragen:

a) Worüber genau ärgert sich Maxima?
b) Wie klären Bastian und Maxima ihren Streit?
c) Wird das bei Streit in eurer Klasse auch so gelöst? Wie macht ihr das?

3. Tauscht euch bitte über eure Antworten aus.
Habt ihr die gleichen Ideen?
Wo gibt es Unterschiede?

4. Wie hätte der Streit noch aussehen können, nachdem Maxima aus der Klasse gestürmt ist?

Denkt euch aus, wie der Streit hätte ablaufen können.
Überlegt euch, ob das ein fairer Streit werden soll,
ob die beiden sich vertragen oder
ob die Freundschaft an diesem Streit zerbricht.

Spielt diese Szene miteinander. Vielleicht kommen euch im Spiel noch andere Ideen, was die beiden im Streit sagen könnten.

Es ist egal, ob die Rollen von einem Jungen oder einem Mädchen übernommen werden.

5. Woran kann man erkennen, dass ein Streit fair ist?
Schreibt bitte auf, woran man das sehen oder hören kann.

Didaktische Information

▸ Einsetzbar ab Seite 163

Aufgabe

Maxima ist es gewohnt, von Marvin geärgert zu werden.
Aber als Bastian mit in die Sprüche einsteigt, ist sie sehr enttäuscht.

1) Lies die Seiten 161 bis 163 noch einmal.
2) Beantworte bitte folgende Fragen:
   a) Worüber genau ärgert sich Maxima?
   b) Wie klären Bastian und Maxima ihren Streit?
   c) Wird das bei Streit in eurer Klasse auch so gelöst? Wie macht ihr das?
3) Tauscht euch bitte über eure Antworten aus: Habt ihr die gleichen Ideen? Wo gibt es Unterschiede?
4) Wie hätte der Streit noch aussehen können, nachdem Maxima aus der Klasse gestürmt ist? Denkt euch aus, wie der Streit hätte ablaufen können. Überlegt euch, ob das ein fairer Streit werden soll, ob die beiden sich vertragen oder ob die Freundschaft an diesem Streit zerbricht. Spielt diese Szene miteinander. Vielleicht kommen euch im Spiel noch andere Ideen, was die beiden im Streit sagen könnten. Es ist egal, ob die Rollen von einem Jungen oder einem Mädchen übernommen werden.
5) Woran kann man erkennen, dass ein Streit fair ist? Schreibt bitte auf, woran man das sehen oder hören kann.

Ziel

Analyse des Vorgehens von Maxima und Bastian im Streitgespräch und Abgleich dieser Erkenntnis mit dem eigenen Streitverhalten.

Methode

In der ersten Phase bearbeiten die Schülerinnen und Schüler die Aufgaben 1 und 2 in Einzelarbeit.

Über ihre Arbeitsergebnisse tauschen sie sich in Aufgabe 3 miteinander aus und nutzen die Erkenntnisse für die Weiterarbeit.

Das Nachspielen des gelesenen oder selbst entworfenen Streitgesprächs ermöglicht vielen Schülerinnen und Schülern, ihre eigenen Spontanreaktionen in einem solchen Gespräch zu erleben. Dabei ist der Bezug zum Buch immer wieder herzustellen, z. B. durch den Zuschauerauftrag: „Passt das Beobachtete dazu, wie Maxima und Bastian sich normalerweise verhalten?"

Präsentation

Es bieten sich verschiedene Möglichkeiten der Ergebnispräsentation an:

a) im Rollenspiel das Streitgespräch in dem Buch nachspielen (Streitverhalten nachvollziehen),
b) ein alternatives Streitgespräch entwickeln und vorspielen (Übertrag des Streitgesprächs auf den eigenen Erfahrungsraum),
c) ein Plakat mit Streitregeln erstellen, das in der Klasse ausgehängt und nach Möglichkeit befolgt wird (Reflexion und Gestaltung von Handlungsoptionen in einem Streitgespräch).

Differenzierungsmöglichkeiten

Bei Schülerinnen und Schülern, denen das Lesen von Texten noch schwerfällt, besteht die Möglichkeit, ihnen zu Beginn die Textstellen vorzulesen.

Unterschiedliche Arbeitsgeschwindigkeiten können mit einem Lerntempoduett aufgefangen werden. Dabei treffen sich die Schülerinnen und Schüler, die ungefähr zur gleichen Zeit mit der Einzelarbeit fertig sind, zur Partnerarbeit.

Je nach Reflexions- und Abstraktionsmöglichkeiten der Schülerinnen und Schüler können verschiedene Präsentationsweisen gewählt werden, die unterschiedliche Anforderungsbereiche abdecken.

Mögliche Ergebnisse

Alle Menschen leben in sozialen Gefügen, in denen es zu Uneinigkeiten kommen kann. Der Umgang mit solchen Meinungsverschiedenheiten wird sehr unterschiedlich gestaltet. Das Verhalten in Diskussionen oder Streitgesprächen muss von den Schülerinnen und Schülern oftmals erst erlernt werden. Nicht immer bietet das häusliche Umfeld ein entsprechendes Vorbild, und auch in den Medien finden konstruktive Streitgespräche seltener statt. Besonders „soziale Medien“ sind gekennzeichnet durch eine ungünstige Streitkultur. Hier lassen sich oft Anschuldigungen, Beschimpfungen und persönliche Beleidigungen anstelle konstruktiver Argumente entdecken.

Einige wichtige Aspekte für ein produktives Streitgespräch sind:

- Dem Gegenüber zuzuhören.
- Dem Gegenüber grundsätzlich positive Beweggründe unterstellen (Vorschussvertrauen: Es lohnt sich, der anderen Person zuzuhören).
- Den Willen zeigen, sich zu einigen, und nicht die Idee durchsetzen, dem anderen „mal so richtig die Meinung zu sagen“.

- Nach Möglichkeit sachlich bleiben, aber trotzdem ansprechen, wenn etwas traurig macht, ärgert oder verletzt.
- Auf Schimpfwörter, Sarkasmus und Ironie zu verzichten.

Vielleicht finden Ihre Schülerinnen und Schüler aber auch noch ganz andere Aspekte, die ihnen wichtig sind. Zum Beispiel:
- Berücksichtigung des Settings (Verzicht auf Publikum).
- Die Idee, erst einmal eine Nacht darüber zu schlafen etc.

Zusatzideen
Aufgreifen von Streitschlichterprogrammen oder ähnlichem an der Schule.

4.4.4 Maxis „Abwehrzauber"

Aufgabenkarte 19

MAXIMAL UNSICHTBAR AUFGABENKARTE NR. **19**

Maxis „Abwehrzauber"

Zu Beginn des Romans besteht Maxis „Abwehrzauber" darin,
sich möglichst unsichtbar zu machen:
Sie möchte im Unterricht nicht auffallen.
Sie möchte nicht auf Fotos zu sehen sein.
Sie versteckt sich.
Sie schweigt.

Im Laufe des Romans greift Maxi jedoch auf einen anderen „Schutzzauber" zurück.

1. Lies bitte die Seiten 213 bis 214 im Kapitel 147.

2. Bitte überlege:
   Was ist Maxis neuer „Abwehrzauber"?
   Wie hat sie diesen „Abwehrzauber" gefunden?
   Was könnten Maxis Gedanken sein, die dazu führen, dass dieser „Abwehrzauber" ihr hilft?

3. Bitte notiere deine Ergebnisse.

4. Tragt bitte in der Klasse eure wichtigsten Gedanken zusammen und diskutiert sie.

Didaktische Information

▶ Einsetzbar ab Seite 214

Aufgabe

Zu Beginn des Romans besteht Maxis „Abwehrzauber“ darin, sich möglichst unsichtbar zu machen: Sie möchte im Unterricht nicht auffallen. Sie möchte nicht auf Fotos zu sehen sein. Sie versteckt sich. Sie schweigt. Im Laufe des Romans greift Maxi jedoch auf einen anderen „Schutzzauber“ zurück.

1) Lies bitte die Seiten 213 bis 214 im Kapitel 147.
2) Bitte überlege: Was ist Maxis neuer „Abwehrzauber“? Wie hat sie diesen „Abwehrzauber“ gefunden? Was könnten Maxis Gedanken sein, die dazu führen, dass dieser „Abwehrzauber“ ihr hilft?
3) Bitte notiere deine Ergebnisse.
4) Tragt bitte in der Klasse eure wichtigsten Gedanken zusammen und diskutiert sie.

Ziel

Sensibilisierung für und Vermittlung von Techniken zur Stärkung der eigenen Resilienz (Selbstwirksamkeit, Selbstverantwortung, Optimismus).

Methode

Die Aufgaben werden zunächst in Einzelarbeit bearbeitet und anschließend in der Klasse diskutiert.

Präsentation

Die Präsentation erfolgt mit der Ergebnisdiskussion im Plenum.

Differenzierungsmöglichkeiten

Anstelle der Einzelarbeit ist die Arbeit mit einer unterstützenden Lernpartnerin bzw. einem unterstützenden Lernpartner möglich.

Mögliche Ergebnisse

Maxis neuer Abwehrzauber besteht nicht mehr darin, sich selbst „unsichtbar“ zu machen. Stattdessen imaginiert sie einen unsichtbaren Schutzschild, der sie umgibt und vor Marvins Angriffen sichert.

Ausgangspunkt für das Finden dieses „Schutzzaubers“ ist die Aussprache zwischen Maxi und ihrer Mutter (Kapitel 0): Maxis Mutter gibt ihr den Tipp, sich Gedanken über einen „Abwehrzauber“ zu machen (Kapitel 147). Dies entspricht dem Tipp von Basti in einem früheren Kapitel (Kapitel 157, Seite 124), in dem er

Maxi rät, sich auf herausfordernde Situationen im Vorfeld vorzubereiten. Im Einsatz dieses „Abwehrzaubers“ schwingen die Resilienzaspekte Selbstwirksamkeit („Ich schaffe das!“) und Optimismus („Es wird besser werden!“) mit.

Die Überlegungen zu den Gedanken, die Maxi sich bezüglich ihres Abwehrzaubers macht, können und sollen individuell und vielfältig sein.

Zusatzideen
Eigene(n) Abwehrzauber für herausfordernde Situationen entwickeln.

4.4.5 „Nein“ sagen

„Nein“ sagen

Auf Seite 237 denkt Maxima noch einmal über das Schulfest nach:

Vierter Sonntag

Mir wird immer noch ganz schwindelig, wenn ich an den Tag gestern denke. Nach unserem Auftritt standen alle möglichen Leute um uns herum. Meine Mutter. Hopfers. Jana, die mir mit ihrer Umarmung fast die Rippen gebrochen hat. Sina und Dunja, die meinten, dass mit den Memes fänden sie „nicht so in Ordnung“. Und dann kam auch noch der Typ mit dem Notizblock zu uns, auf dessen Namensschildchen dick „Presse“ stand. Er wollte uns knipsen und hat was von „Besenstrich für Besenstrich von Mittelerde in die Inklusion“ erzählt. Zum Knipsen habe ich Nein gesagt. War aber auch okay.

1. Wie reagieren die anderen Menschen auf Maxis Auftritt?
   Schreibe es bitte auf.

2. Was hättest du zu ihr gesagt, wenn du dabei gewesen wärst?
   Schreibe deine Ideen bitte auf.

3. Maxima ist überrascht, dass ihr „Nein“ zum Knipsen in Ordnung ist.
   Was meinst du – wann darfst du „Nein“ sagen, wenn jemand anderes dich um etwas bittet?
   Notiere deine Überlegungen.

Didaktische Information

► Einsetzbar ab Seite 237

Aufgabe

Auf Seite 237 denkt Maxima noch einmal über das Schulfest nach.

1) Wie reagieren die anderen Menschen auf Maxis Auftritt? Schreibe es bitte auf.
2) Was hättest du zu ihr gesagt, wenn du dabei gewesen wärst? Schreibe deine Ideen bitte auf.
3) Maxima ist überrascht, dass ihr „Nein" zum Knipsen in Ordnung ist. Was meinst du – wann darfst du „Nein" sagen, wenn jemand anderes dich um etwas bittet? Notiere deine Überlegungen.

Ziel

Thematisierung der Möglichkeit, „Nein" zu sagen, sowie Abwägung möglicher Befürchtungen und tatsächlicher Folgen.

Gemeinsam mit den Schülerinnen und Schülern kann man dies zum Anlass nehmen, über die Möglichkeiten und Grenzen des „Nein"-Sagens ins Gespräch zu kommen. Dabei werden Themen wie Eigenverantwortung, Annahme von Ratschlägen und die Einschätzung sachlicher Argumente angesprochen.

Methode

Nachdem die Aufgabenstellung geklärt ist, sollten die Schülerinnen und Schüler sich zunächst in Einzelarbeit mit den Fragestellungen auseinandersetzen.

Danach besteht die Möglichkeit, sich zu zweit oder auch in der gesamten Klasse darüber auszutauschen.

Da es sich hier um ein sehr sensibles Thema handelt, ist vor dem Hintergrund der Kenntnis der Lerngruppe zu entscheiden, inwieweit ein Austausch in der Gesamtgruppe förderlich ist.

Präsentation

Je nachdem, wie die soziale Struktur in Ihrer Klasse aussieht, besteht die Möglichkeit, diese Aufgabe sowohl in Einzelarbeit zu bearbeiten, als auch sich im Anschluss daran im Plenum auszutauschen.

Differenzierungsmöglichkeiten

Möglicherweise benötigen einzelne Schülerinnen und Schüler Hilfe, um sich die Situation noch einmal genau vor Augen zu führen. Dies kann durch ein gemeinsames Wiederholen der bisherigen Strategie von Maxima (Konflikten aus dem Weg zu gehen und ihre Meinung mehr zu denken als zu sagen) angeregt werden.

Mögliche Ergebnisse

Überlegtes „Nein"-Sagen will geübt sein. In Bezug auf Bemühungen um psychische Gesundheit wird neben Achtsamkeit (Bewusstsein über das aktuelle eigene Befinden) in der Regel ein Schwerpunkt darauf gelegt, überlegt „Nein" zu sagen. In diesem Roman verhält sich Maxima über lange Strecken im negativen Sinne sehr angepasst, versucht Konflikten aus dem Weg zu gehen und traut sich in der Regel nicht, ihre eigene Meinung zu sagen. Daher ist ihre Überraschung über die Reaktionen ihrer Mitmenschen auf ihre Rede sehr groß. Aber auch die gelassene Reaktion des Fotografen auf ihr klares „Nein" zum „Knipsen" scheint Maxima zu überraschen.

Zusatzideen

„Streitfälle" sammeln, in denen nicht klar ist, ob dort „Nein" gesagt werden kann. Zu jeder dieser Situationen werden auf einem Plakat Pro- und Kontra-Argumente gesammelt. Ggf. kann man diese Plakate über einen längeren Zeitraum in der Klasse ausgehängt lassen, um zusätzliche Argumente zu sammeln. Daran anschließen kann sich die Diskussion dieser Streitfälle. Hierbei besteht die Möglichkeit, ggf. keine abschließende Antwort zu finden („Nicht für alles gibt es eine klare Lösung – Manches muss individuell entschieden werden").

4.5 Inklusion und Behinderung

4.5.1 Barrieren

Aufgabenkarte 21

Barrieren

Bastian stößt – unter anderem mit seinem Rollstuhl – immer wieder auf Barrieren.
Aber es gibt ein paar hilfreiche Dinge in seiner Schule:
- einen Aufzug,
- eine Rampe,
- einen speziellen Toilettenraum, in den er mit dem Rollstuhl fahren kann.

Wie barrierefrei ist *eure* Schule?

1. Überlegt bitte gemeinsam:
Welche wichtigen Wege gibt es in unserer Schule?

2. Erstellt eine Liste dieser wichtigen Wege.

3. Sucht für jede Gruppe einen fahrbaren Untersatz.
Tipp: Vielleicht könnt ihr euch einen Rollstuhl ausleihen. Falls das nicht möglich ist, nutzt ein Rollbrett, einen Möbelroller oder ein Skateboard.

4. Einigt euch darauf, welche Gruppe welchen Weg abgeht und abfährt.
Jeweils ein Mitglied der Gruppe fährt sitzend mit dem fahrbaren Untersatz.
Wechselt euch ab.

5. Schreibt auf, an welcher Stelle ihr auf ein Hindernis gestoßen seid.
Eure Lehrerin / euer Lehrer wird euch sagen, wie ihr das notieren sollt.

6. Tragt alle Ergebnisse zusammen.

Didaktische Information

► Einsetzbar ab Seite 13

Aufgabe

Bastian stößt - unter anderem mit seinem Rollstuhl - immer wieder auf Barrieren. Aber es gibt ein paar hilfreiche Dinge in seiner Schule: Einen Aufzug, eine Rampe, einen speziellen Toilettenraum, in den er mit dem Rollstuhl fahren kann. Wie barrierefrei ist eure Schule?

1) Überlegt bitte gemeinsam: Welche wichtigen Wege gibt es in eurer Schule?
2) Erstellt eine Liste dieser wichtigen Wege.
3) Sucht für jede Gruppe einen fahrbaren Untersatz. Tipp: Vielleicht könnt ihr euch einen Rollstuhl ausleihen. Falls das nicht möglich ist, nutzt ein Rollbrett, einen Möbelroller oder ein Skateboard.
4) Einigt euch darauf, welche Gruppe welchen Weg abgeht und abfährt. Jeweils ein Mitglied der Gruppe fährt sitzend mit dem fahrbaren Untersatz. Wechselt euch ab.
5) Schreibt auf, an welcher Stelle ihr auf ein Hindernis gestoßen seid. Eure Lehrerin/ euer Lehrer wird euch sagen, wie ihr das notieren sollt.
6) Tragt alle Ergebnisse zusammen.

Ziel

Menschen, die nicht bewegungseingeschränkt sind, fällt häufig gar nicht auf, dass schon kleine Stufen ein Hindernis darstellen können. Die Zielsetzung der vorliegenden Übung liegt diesbezüglich in der Sensibilisierung für mögliche Barrieren im alltäglichen Bewegungsraum der Schülerinnen und Schüler.

Methode

Die Schülerinnen und Schüler arbeiten in kleinen Gruppen zusammen.

Im Vorfeld wird gesammelt, welche wichtigen Wege es im Schulalltag gibt. Dann wird arbeitsteilig diese Liste der Wege abgearbeitet. Jede Gruppe übernimmt einen Weg.
Die Barrieren auf dem Weg werden entweder in einer Tabelle gesammelt (Papiertabelle auf Klemmbrett) oder mit Hilfe eines Tablet-Computers der Reihe nach fotografiert und benannt.

Damit den Schülerinnen und Schülern auch die Barrieren auffallen, die nicht auf den ersten Blick ins Auge springen, sollte in jeder Gruppe ein rollender Untersatz mitgeführt werden (Rollstuhl, Möbelroller, Skateboard o. ä.), auf dem sich eine Schülerin bzw. ein Schüler sitzend fortbewegt. Dabei ist darauf zu achten, dass alle Schülerinnen und Schüler die Möglichkeit bekommen, rollend unterwegs zu sein.

Präsentation
Die Ergebnisse werden gesammelt (ggf. aufbereitet als PowerPoint, Keynote, Lernplakat etc.) und im Plenum vorgestellt. Dabei können sie gruppiert werden, z. B. nach der Art der Barriere oder nach den Barrieren auf bestimmten Wegen, z. B. auf dem Weg zur Mensa.

Besonders eindrucksvoll ist eine Dokumentation auf einem Grundriss der Schule.

Unterschiedliche Präsentationen sind möglich:
- individuelle Gruppenplakate,
- Einpflegen der erhobenen Daten in einen gemeinsamen Aushang,
- die Dokumentation auf einem Grundriss der Schule,
- das Erstellen einer PowerPoint Präsentation,
- beim Einsatz von iPads und Tablet-Computern das Erstellen eines E-Books mithilfe von Apps wie beispielsweise „BookCreator“ etc.

Mögliche Ergebnisse
Die Ergebnisse werden je nach schulischer Ausstattung variieren.

Differenzierungsmöglichkeiten
Eine heterogene Gruppenzusammensetzung bewirkt, dass Schülerinnen und Schüler mit unterschiedlichen Lernvoraussetzungen voneinander profitieren.

Die Komplexität der Wege, die eine Gruppe zu dokumentieren hat, kann den Fähigkeiten der Gruppe angepasst werden.

Zusatzideen
Auch wichtige Wege außerhalb des Schulgeländes können abgelaufen bzw. abgefahren werden, wie z. B. der Weg von der Haltestelle zur Schule. Hierbei gilt es ggf. im Vorfeld das Einverständnis der Eltern einzuholen.

4.5.2 Wie wohnt Bastian?

Aufgabenkarte 22

MAXIMAL UNSICHTBAR AUFGABENKARTE NR. **22**

Wie wohnt Bastian?

Auf den Seiten 49 bis 51 ist Maxima auf dem Weg zu Bastian.
Sie hat eine klare Vorstellung davon, wie Bastian wohnt (Seite 51).

1. Erstelle bitte eine Tabelle.
Notiere in der linken Spalte, wie sich Maxima das Haus, in dem Bastian wohnt, und sein Zimmer vorstellt.

2. Bitte überlege:
Woran orientiert sich Maxi, als sie Bastians Zimmer gedanklich einrichtet?
Schreibe deine Vermutungen auf.

3. Lies bitte weiter (Seite 52 bis 53).
Notiere in der rechten Spalte, wie Bastians Zimmer tatsächlich aussieht.

4. Markiere, welche von Maxis Vorstellungen stimmen.

5. Bitte überlege: Woran könnte Basti wohl bei der Einrichtung seines Zimmers gedacht haben?
Schreibe deine Vermutungen auf.

6. Tausche dich mit deinen Mitschülerinnen und Mitschülern über diese Vermutungen aus.

So wohnt Bastian	
in Maximas Vorstellung:	in Wirklichkeit:
…	…

Didaktische Information

► Einsetzbar ab Seite 53

Aufgabe

Auf den Seiten 49 bis 51 ist Maxima auf dem Weg zu Bastian.
Sie hat eine klare Vorstellung davon, wie Bastian wohnt (Seite 51).

1) Erstelle bitte eine Tabelle. Notiere in der linken Spalte, wie sich Maxima das Haus, in dem Bastian wohnt, und sein Zimmer vorstellt.
2) Bitte überlege: Woran orientiert sich Maxi, als sie Bastians Zimmer gedanklich einrichtet? Schreibe deine Vermutungen auf.
3) Lies bitte weiter (Seite 52 bis 53). Notiere in der rechten Spalte, wie Bastians Zimmer tatsächlich aussieht.
4) Markiere, welche von Maxis Vorstellungen stimmen.
5) Bitte überlege: Woran könnte Basti wohl bei der Einrichtung seines Zimmers gedacht haben? Schreibe deine Vermutungen auf.
6) Tausche dich mit deinen Mitschülerinnen und Mitschülern über diese Vermutungen aus.

Ziel

Mit Hilfe dieser Aufgabe soll eine Sensibilisierung für Maximas (und vielleicht auch für die eigenen) Vorurteile gegenüber Bastian beziehungsweise gegenüber Menschen mit Behinderung entstehen.

Methode

Zunächst tragen die Schülerinnen und Schüler in Einzelarbeit die Vorstellungen und Überlegungen von Maxima zusammen und notieren sie in der ersten Tabellenspalte.
Zur Kontrastierung werden die Informationen zur tatsächlichen Einrichtung von Bastians Zimmer in die zweite Spalte geschrieben.

Im Anschluss folgt ein gemeinsamer Austausch über die Ergebnisse.

Präsentation

Die Vermutungen, Überlegungen und Erkenntnisse der Schülerinnen und Schüler werden im Anschluss an die Bearbeitung der Leseaufgaben und Fragen gemeinsam geteilt und ausgetauscht.

Differenzierungsmöglichkeiten

Die Leseaufgaben und die Überlegungen, woran sich die jeweiligen Vorstellungen orientieren, lassen sich bei Bedarf auch in Partnerarbeit erledigen. Dabei besteht auch die Möglichkeit, arbeitsteilig vorzugehen: Eine Schülerin oder ein Schüler kann sich mit Maximas Vorstellungen hinsichtlich Bastians Wohnsituation beschäftigen, während die Lernpartnerin bzw. der Lernpartner sich mit Bastians tatsächlicher Zimmereinrichtung befasst. Im Anschluss werden beide Ergebnisse zusammengetragen.

Mögliche Ergebnisse

So wohnt Bastian	
In Maximas Vorstellung (Seite 51):	**In Wirklichkeit (S. 52-53):**
• ebenerdiger Bungalow	• Mehrfamilienhaus, 2. Stock (mit Aufzug)
• wenige Sachen, damit der Rollstuhl genug Platz zum Herumfahren hat	• normaler Wohnungsflur
• hellgelbe Wände	• eine Pinnwand mit Fotos
• glatter, glänzender Boden; wenn der Rollstuhl über den Boden fährt, gibt es Quietschgeräusche	• im Text werden keine Quietschgeräusche beschrieben
• alles im Zimmer ist praktisch und hat Rollen (z. B. Bett und Sessel)	• mit Rollen: Ein Hocker auf Rollen, zwei Stahlgestelle auf Rollen – eine Talkerhalterung und ein elektrischer Blattwender auf einem Standfuß mit Rollen. Ohne Rollen: ein großes normales Bett, ein riesiger Sitzsack aus Kunstleder ein kleines Sofa
• im Zimmer riecht es nach Krankenhaus (Desinfektionsmittel etc.)	• Eukalyptusduft (riecht aber nicht nach Krankenhaus)
• Gummihandschuhe liegen herum	• im Text werden keine Gummihandschuhe erwähnt
• keine Regale, nur ein Hängeregal, in dem etwas zum Angucken steht	• eine riesengroße Regalwand mit Büchern, CDs, DVDs und Aktenordnern
• keine Bücher	• viele Bücher im Regal

Maxima orientiert sich bei der gedanklichen Einrichtung von Bastians Zimmer in erster Linie an Bastians Einschränkungen. Sie sieht bei der Einrichtung von Haus und Zimmer die Behinderung im Vordergrund.
Bastian orientiert sich bei seiner Einrichtung offenbar eher an Gemütlichkeit und seinen Interessen.

Zusatzideen

Bevor die Textstelle gelesen wird, in der Maxima über Bastians Zimmer nachdenkt, können die Schülerinnen und Schüler selbst Vermutungen über die Zimmereinrichtung anstellen. Im weiteren Leseverlauf kann dann ein Abgleich erfolgen: Gibt es Überschneidungen zu Maximas mentalem Bild von Bastians Zimmer? Gibt es Überschneidungen zu dem tatsächlich dargestellten Zimmer? Welche sonstigen Aspekte waren in den Beschreibungen der Schülerinnen und Schüler relevant und in welchem Bezug standen sie im Kontext Behinderung, Barrieren und Barrierefreiheit?

4.5.3 Behindert sein – behindert werden

Aufgabenkarte 23

MAXIMAL UNSICHTBAR AUFGABENKARTE NR. **23**

Behindert sein – behindert werden

1. Kapitel 159, Geschichtsunterricht bei Doc Müller.
Was hindert Basti daran, im Unterricht mitzuarbeiten?
Welche Lösungsideen gibt es?
Welche Probleme werden tatsächlich gelöst?
Lies bitte den Text (Seite 89 bis 93, 5 Seiten).
Unterstreiche in ***gelb***, ***blau*** und ***grün*** (siehe Kasten).

Unterstreiche in ***gelb***, wenn du glaubst:
Hier gibt es ein Problem.
Das Problem hindert Basti daran, aktiv mitzuarbeiten.

Unterstreiche in ***blau***, wenn du glaubst:
Hier gibt es eine Idee für die Lösung des Problems.
Das Problem wird aber noch nicht gelöst.

Unterstreiche in ***grün***, wenn du glaubst:
Hier wird das Problem gelöst.

2. Stelle dir bitte folgendes vor:
Die Klasse darf ihren Geschichtsunterricht selber planen.

Wie könnte eine Geschichtsstunde aussehen, die
a) Spaß macht
und die es
b) Basti ermöglicht, aktiv mitzumachen?

Didaktische Information

▶ Einsetzbar ab Seite 93

Aufgabe

1) Kapitel 159, Geschichtsunterricht bei Doc Müller. Was hindert Basti daran, im Unterricht mitzuarbeiten? Welche Lösungsideen gibt es? Welche Probleme werden tatsächlich gelöst? Lies bitte den Text (Seite 89 bis 93, 5 Seiten). Unterstreiche in gelb, blau und grün. Unterstreiche in gelb, wenn du glaubst: Hier gibt es ein Problem. Das Problem hindert Basti daran, aktiv mitzuarbeiten. Unterstreiche in blau, wenn du glaubst: Hier gibt es eine Idee für die Lösung des Problems. Das Problem wird aber noch nicht gelöst. Unterstreiche in grün, wenn du glaubst: Hier wird das Problem gelöst.
2) Stelle dir bitte folgendes vor: Die Klasse darf ihren Geschichtsunterricht selber planen. Wie könnte eine Geschichtsstunde aussehen, die a) Spaß macht und die es b) Basti ermöglicht, aktiv mitzumachen?

Ziel

Aufgabe 1:
Behinderung als ein soziales Konstrukt begreifen.

Verständnis dafür entwickeln, dass eine Körperbehinderung kein Problem darstellen muss, wenn das soziale Umfeld keine Barrieren schafft (im physischen wie auch im übertragenen Sinne).

Aufgabe 2:
Eigene Ideen für ein inklusives Unterrichtssetting entwickeln.

Methode

Die Erarbeitung erfolgt in Einzelarbeit.
Ggf. kann darüber hinaus ein gemeinsames Rollenspiel zu Aufgabe 2 entwickelt werden.

Präsentation

Im Rahmen einer gemeinsamen Diskussion werden die Arbeitsergebnisse verglichen und die Ideen diskutiert.
Ist darüber hinaus ein Rollenspiel entstanden, wird dieses im Plenum vorgeführt.

Differenzierungsmöglichkeiten

Je nach Lernvoraussetzungen Ihrer Lerngruppe besteht die Möglichkeit, dass die Schülerinnen und Schüler zunächst in Einzelarbeit die Probleme aufspüren.

Danach können in Partnerarbeit Möglichkeiten zur Lösung der jeweiligen Probleme entwickelt werden.

Mögliche Ergebnisse

Unter anderem könnten folgende Problemlösungsvarianten angesprochen werden:

- Bereitstellung eines E-Books oder einer alternativen, digitalen Buchvariante,
- Verzicht auf das gemeinsame Abzeichnen von Tafelbildern, stattdessen z. B. Bereitstellung eines Lernvideos, in dem Doc Müller die Zeichnung aufmalt und kommentiert,
- den Talker nicht als Buchablage benutzen, stattdessen z. B. einen Buchständer nutzen (wie auf Seite 90 beschrieben).

Zusatzideen

Die Szene „Geschichtsunterricht“ (S. 88 bis 93) kann gedanklich bzw. verbal für Schülerinnen und Schüler mit anderen Einschränkungen durchgespielt werden. Eine Impulsfrage hierzu könnte z. B. lauten: „Wie würde der Geschichtsunterricht von Doc Müller verlaufen, wenn nicht Lernende mit Körperbehinderung, sondern mit anderen Behinderungen oder Einschränkungen in der Klasse wären (z. B. Schülerin oder Schüler mit Sehbehinderung/ Erblindung, Hörbeeinträchtigung etc.)? Welche Konsequenzen ergeben sich daraus auf den Geschichtsunterricht?“

Alternativ könnten Lösungen von den Schülerinnen und Schülern für selbst erlebte problematische Unterrichtssituationen entwickelt werden. Dabei ist besonders auf die Lösungsorientierung im Rahmen dieser Auseinandersetzung zu achten.

4.5.4 Rollstuhlsport

Aufgabenkarte 24

MAXIMAL UNSICHTBAR AUFGABENKARTE NR. **24**

Rollstuhlsport

Hockeyspielen mit E-Rollstuhl. Geht das wirklich?

1. Recherchiere bitte im Internet zum Thema „Rollstuhlsport“.

2. Notiere bitte die wichtigsten Informationen in den Sportarten-Karten und ergänze ein Bild der Sportart. Arbeite digital oder auf Papier.

Sportart:

....

Interessante Infos:

....

....

....

....

Bild

3. **Team-Aufgabe**

Bitte bildet Teams.
Welchem Team gelingt es, zu den folgenden Buchstaben mindestens eine Rollstuhl-Sportart zu finden?
B, C, E, F, G, H, K, L, P, R, S, T, W, Y

Didaktische Information

▸ Einsetzbar ab Seite 26

Aufgabe
Hockeyspielen mit E-Rollstuhl. Geht das wirklich?

1) Recherchiere im Internet zum Thema „Rollstuhlsport“.
2) Notiere bitte die wichtigsten Informationen in den Sportarten-Karten und ergänze ein Bild der Sportart (digital oder auf Papier).
3) Team-Aufgabe: Bitte bildet Teams. Welchem Team gelingt es, zu den folgenden Buchstaben mindestens eine Rollstuhl-Sportart zu finden?
   B, C, E, F, G, H, K, L, P, R, S, T, W, Y

Ziel
Sensibilisierung für Möglichkeiten der sportlichen Teilhabe für Personen mit Rollstuhl (manueller oder elektrischer Rollstuhl).

Methode
Die Erarbeitung erfolgt in Form einer Internetrecherche (zunächst in Einzelarbeit, dann in Gruppenarbeit).

Präsentation
Die gesammelten Ergebnisse und Informationen werden auf einer „Karten-Wäscheleine“, auf Plakaten oder auf einer digitalen Pinnwand präsentiert.

Als Impulsfragen zur Reflektion können hierbei beispielsweise gelten: „Was hat dich überrascht?“, „Warum hat es dich überrascht?“ und „Was empfindest du als selbstverständlich?“.

Differenzierungsmöglichkeiten
Schülerinnen und Schüler, denen die Internetrecherche Schwierigkeiten bereitet, können – alternativ zur Einzelarbeit – mit Unterstützung einer Lernpartnerin oder eines Lernpartners recherchieren.

Je nach Fähigkeit und Tempo kann entweder pro Schülerin bzw. Schüler jeweils eine Sportarten-Karte verschriftlicht werden, oder mehrere.

Bei Aufgabe 3 ist es sowohl möglich, für jede einzelne Sportart eine Sportarten-Karte auszufüllen, oder aber lediglich eine Liste mit Rollstuhlsportarten zusammenzutragen.

Mögliche Ergebnisse
Rollstuhlsportarten mit den Anfangsbuchstabe B, C, E, F, G, H, K, L, P, R, S, T, W, Y: (Para-)Badminton, Basketball, Boccia, Bogensport, Curling, E-Ball, Eishockey (sowohl Para-Eishockey als auch Sledge-Hockey), Fechten, Flying Disc (Frisbee), Gewichtheben/ Powerlifting, (Para-)Golf, Handbike, (Para-)Kanu, Kampfkünste, Kartsport, Leichtathletik, Powerchair Hockey, Powerchair Football, Rollstuhl-Hockey, Rollstuhlhandball, Rollstuhlrugby, Schwimmen, Segeln, Sportschießen, Stand-Up-Paddling (SUP), Tanzsport, Tauchen, Tennis, Tischfußball (Kicker), Tennis, Wasserski, WCMX (Wheelchair Skating), Wintersport (in Form von Monoski, Bi-Ski, Langlaufschlitten), Yoga.

Tipp: Beim Buchstabenspiel können die Vorsilbe Para (kurz für Paralympisch, z. B. bei Para-Golf) und der Zusatz „Rollstuhl" oder „E-Rollstuhl" (z. B. bei „Rollstuhlbasketball" oder „E-Hockey") wahlweise genutzt oder ignoriert werden.

Zusatzideen
Nach Rollstuhlsportvereinen oder -veranstaltungen in der Umgebung suchen (z. B. Rollstuhlbasketball) und im Idealfall mit den Schülerinnen und Schülern dort ein Turnier oder eine Trainingsstunde besuchen.

4.6 Fantasy- und Rollenspielwelten

4.6.1 Erklärvideo „Live-Action-Rollenspiel"

Aufgabenkarte 25

MAXIMAL UNSICHTBAR AUFGABENKARTE NR. 25

(Erklär-)Video „Live-Action-Rollenspiel"

Stelle dir bitte folgendes vor:
Frau Kösel stellt Maxi und Basti eine neue Aufgabe.
Sie sollen ein Erklärvideo über das Rollenspiel erstellen.
Das Video soll auf dem Schulfest präsentiert werden.

1. Findet euch in Kleingruppen zusammen. Entwickelt eine Planungsskizze für euer Erklärvideo (Szenenplan, Storyboard o. ä.). Erstellt das Erklärvideo.

2. Präsentiert in der Klasse eure Ergebnisse. Welches Video soll beim Schulfest gezeigt werden? Wählt in einer anonymen Abstimmung aus.

Didaktische Information

► Einsetzbar ab Seite 81

Aufgabe

Stelle dir bitte Folgendes vor: Frau Kösel stellt Maxi und Basti eine neue Aufgabe. Sie sollen ein Erklärvideo über das Rollenspiel erstellen. Das Video soll auf dem Schulfest präsentiert werden.

1) Findet euch in Kleingruppen zusammen. Entwickelt eine Planungsskizze für euer Erklärvideo (Szenenplan, Storyboard o. ä.). Erstellt das Erklärvideo.
2) Präsentiert in der Klasse eure Ergebnisse. Welches Video soll beim Schulfest gezeigt werden? Wählt in einer anonymen Abstimmung aus.

Ziel

Ziel ist es, die im Buch dargestellte Welt des Live-Action-Rollenspiels erklären zu können.

Die Medienkompetenz soll gefördert werden.

Methode

Die Aufgabe wird in Gruppenarbeit durchgeführt.

Bei dieser Aufgabe sind verschiedene Varianten von Erklärvideos möglich: Legetrick-Videos, Whiteboard-Animation, Videos im Comic-Style oder Videoaufnahme einer Person als Erklärvideo im Vlogging-Stil.

Schulische Tablet-Computer sind in der Regel mit den notwendigen Programmen ausgestattet, um solche Videos erstellen zu können. Ggf. bietet es sich an, aus Lego® oder ähnlichen Konstruktionsbausteinen eine Halterung bzw. Ablage für das Tablet zu bauen, wenn z. B. Zeichnungen auf dem Tisch gefilmt werden sollen und das Tablet entsprechend darüber positioniert werden muss.

Präsentation

Als optionaler Zwischenschritt könnte es eine gemeinsame Vorstellung und Diskussion der Szenenpläne bzw. Storyboards geben.

Final können die Videos vorgeführt werden.

Mögliche Ergebnisse

Individuell unterschiedliche Ergebnisse in Form von Videos.

Differenzierungsmöglichkeiten
Je nach Vorwissen der Schülerinnen und Schüler kann es sinnvoll sein, sich im Vorfeld der Aufgabe jeweils ein Erklärvideo der unterschiedlichen Kategorien (Legetrick-Video, Vlogging-Video etc.) gemeinsam anzusehen.

Für Schülerinnen und Schüler, die Schwierigkeiten mit dem Einstieg in diese komplexe Aufgabe haben, kann im Rahmen der ersten Hinführungsphase ein gemeinsames Brainstorming hilfreich sein. Hierbei werden Impulsfragen gestellt und z. B. in einer Mindmap gesammelt. Solche Fragen könnten lauten: „Wer soll das Video sehen (Zielgruppe)?", „Was genau sollen die Zuschauenden nach dem Video wissen?" und „Mit welchen Bildern oder Szenen möchte ich im Video zeigen, was ein Fantasy-Rollenspiel ist?".

Für Schülerinnen und Schüler, die von einem hohen Maß an vorgegebener Struktur profitieren, empfiehlt es sich, im Vorfeld ein „Gerüst" des Szenenplans bzw. Storyboards zu erstellen. Hierbei kann variiert werden, ob das komplette Szenengerüst mit eigenen Ideen gefüllt werden soll, oder nur eine einzelne Szene. Letzteres bietet sich vor allem dann an, wenn das Video arbeitsteilig erstellt wird: Gruppe 1 plant und filmt Szene 1, Gruppe 2 plant und filmt Szene 2 usw.

Erfahrungsgemäß werden bei dieser Aufgabe die individuellen Arbeitstempi stark variieren. Gründe können in den unterschiedlichen Vorerfahrungen sowie in dem hohen Ablenkungspotential bei der Videoerstellung liegen. Es bietet sich an, im Vorfeld Beschäftigungsmöglichkeiten für die voraussichtlich schnell fertig werdenden Schülerinnen und Schüler einzuplanen (z. B. als Assistentinnen und Assistenten bei den anderen Teams, als „Kulissenbauerinnen und Kulissenbauer" für noch offene Bastelarbeiten etc.). Sofern hierbei eine didaktische Reserve zum Einsatz kommt, sollte darauf geachtet werden, dass es sich um eine attraktive Aufgabe handelt – ansonsten besteht die Gefahr, dass das zügige, zielstrebige und konzentrierte Arbeiten in der subjektiven Empfindung der Schülerinnen und Schüler mit noch mehr Arbeit „bestraft" wird.

Auf die Abstimmung für ein „Schulfest-Video" sollte verzichtet werden, wenn die Gefahr besteht, dass es hierdurch zwischen den Schülerinnen und Schülern zu Neid und Ärger kommt und dies nicht aufgefangen, thematisiert und verarbeitet werden wird.

Zusatzideen

Alternativ zur vorgeschlagenen Aufgabe können die Gruppen kleinere Video-Aufträge zu unterschiedlichen, vorformulierten Themen im Kontext „Fantasy Rollenspiel" bekommen. Die einzelnen Videos werden dann zu einem langen Video kombiniert. Somit konkurrieren die Gruppen nicht gegeneinander, sondern arbeiten kooperativ. Unterschiedliche Schwerpunkte pro Video-Gruppe könnten zum Beispiel sein:

Gruppe 1 erstellt ein Erklärvideo zur Fragestellung „Wofür steht die Abkürzung LARP?"

Gruppe 2 erstellt ein Erklärvideo zur Fragestellung „Wofür steht die Abkürzung MERA?"

Gruppe 3 erstellt ein Erklärvideo zur Fragestellung „Wie kann man das Live-Action-Rollenspiel in Klaafbach ausprobieren?"

Gruppe 4 erstellt ein Erklärvideo zur Fragestellung „Unsichtbare Behinderung – So muss Bastian seine Hilfsmittel beim Fantasy-Rollenspiel verstecken" etc.

Hinweis: Das Mittelerde-Rollenspiel-Abenteuer „MERA" ist lediglich ein fiktives Live-Action-Rollenspiel.

4.6.2 J. R. R. Tolkien

Aufgabenkarte 26

MAXIMAL UNSICHTBAR | AUFGABENKARTE NR. **26**

J. R. R. Tolkien

Bastians Lieblingsbuch ist „Der Herr der Ringe“.
Maxi liest das Buch „Das Silmarillion“.
Beide Bücher hat der Autor J. R. R. Tolkien verfasst, der „Erfinder“ von Mittelerde.

Aber wer ist bzw. war dieser Tolkien eigentlich?

Stelle dir bitte folgendes vor:
Du bist Schülerin bzw. Schüler in Maxis und Bastis Klasse.
Du erhältst von Frau Kösel die folgenden Aufgaben:

1. Finde eine Lernpartnerin oder einen Lernpartner. Recherchiert über den Autor J. R. R. Tolkien (Internet, Lexika, Bücher etc.).

2. Erstellt eine kurze Präsentation über J. R. R. Tolkien und seine wichtigsten Werke.

3. Präsentiert euer Ergebnis.

Bearbeite bitte die genannten Aufgaben.

Didaktische Information

▸ Einsetzbar ab Seite 28

Aufgabe

Bastians Lieblingsbuch ist „Der Herr der Ringe". Maxi liest das Buch „Das Silmarillion". Beide Bücher hat der Autor J. R. R. Tolkien verfasst, der „Erfinder" von Mittelerde. Aber wer ist bzw. war dieser Tolkien eigentlich? Stelle dir bitte folgendes vor: Du bist Schülerin bzw. Schüler in Maxis und Bastis Klasse. Du erhältst von Frau Kösel die folgenden Aufgaben:

1) Finde eine Lernpartnerin oder einen Lernpartner. Recherchiert über den Autor J. R. R. Tolkien (Internet, Lexika, Bücher etc.).
2) Erstellt eine kurze Präsentation über J. R. R. Tolkien und seine wichtigsten Werke.
3) Präsentiert euer Ergebnis.

Bearbeite bitte die genannten Aufgaben.

Ziel

Die Biographie und die wichtigsten Werke des Autors J. R. R. Tolkien kennenlernen.

Parallel zur Handlung im Buch „Maximal unsichtbar", in der die handelnden Figuren eine Präsentation vorbereiten, eine eigene Präsentation erstellen.

Methode

Die Bearbeitung der Aufgabenstellungen erfolgt in Partnerarbeit (entweder nach Wahl oder vorgegeben bzw. ausgelost). Hierbei wird eine (Internet-)Recherche durchgeführt.

Die Ergebnisse werden in Form von unterschiedlichsten Präsentationen vorgestellt (wahlweise Lapbook, Plakate, Collagen, digitale Präsentation, Video etc.).

Präsentation

Die Ergebnisse werden im Plenum vorgestellt. Je nach Zeit, Umfang und Varianz werden entweder nur ausgewählte Ergebnisse gezeigt oder alle Ergebnisse präsentiert (frontale Präsentation, Museumsrundgang o. ä.).

Die Präsentation ist auch im digitalen Raum möglich (digitale Lernplattformen, Erstellung von Timelines mit Apps wie Padlet etc.).

Mögliche Ergebnisse
John Ronald Reuel Tolkien, geboren am 03.01.1892 in Bloemfontein, Republik Südafrika, gestorben am 02. September 1973 in Bournemouth, England. Professor für Sprachwissenschaften an der University of Oxford, England. In seinen Mittelerde-Werken schuf der sprach- und mythologiebegeisterte Tolkien eine eigene, fein ausdifferenzierte Welt, um diese für die von ihm selbst geschaffenen Kunstsprachen und Mythologien nutzen und bespielen zu können. In diesen Kontext gehören neben den bekannten Büchern „Der Hobbit" und „Der Herr der Ringe" auch „Das Silmarillion" sowie „Nachrichten aus Mittelerde" und die posthum veröffentlichte Sammlung „The History of Middle Earth" (z. T. übersetzt als „Das Buch der verschollenen Geschichten").
Neben seinen fantastischen Werken publizierte Tolkien diverse philologisch und literaturhistorisch vielbeachtete und einflussreiche Texte (z. B. die Neuedition von „Sir Gawain and the Green Knight", gemeinsam mit E. V. Gordon).
Er verfasste darüber hinaus zahlreiche Gedichte, Versepen und Kinderbücher (z. B. „Briefe vom Weihnachtsmann") und entwarf eigene Illustrationen für seine Bücher.

Einen guten Überblick über Leben und Werk von J. R. R. Tolkien erhält man z. B. auf den Internetseiten der Deutschen Tolkien Gesellschaft e. V. (www.tolkiengesellschaft.de).

Differenzierungsmöglichkeiten
Für Schülerinnen und Schüler, die Schwierigkeiten bei der Internetrecherche haben, können als Alternative die analogen, haptischen Materialien bereitgestellt werden: Bücher von und über Tolkien, ausgedruckte Artikel und Bilder etc.

Schülerinnen und Schüler, die ihre Aufgaben sehr schnell beenden, können sich zusätzlich mit Tolkiens Sprachen beschäftigen und z. B. einzelne Wörter oder kurze Sätze ins Elbische übersetzen. Tatsächlich gibt es diverse im Buchhandel erhältliche Elbisch-Wörterbücher, die als Hilfestellung genutzt werden können. Alternativ finden sich Elbisch-Wörterlisten im Internet. Unterschieden wird bei Tolkiens Elbensprachen zwischen Quenya und Sindarin. Quenya gilt als sehr alte, hochelbische Sprache, die aus dem Urelbischen abgeleitet wurde. Sindarin hingegen bezeichnet die sprachliche Weiterentwicklung des Ur-Elbischen durch die Sindar (Grauelben).

Zusatzideen

Nicht nur zu Tolkien, sondern auch zu den Figuren aus seinen Büchern können Präsentationen erstellt und präsentiert werden (z. B. Hobbits, Waldläufer, Elben, Trolle, Orks).

Über Tolkien und seine Werke ist umfangreiches Filmmaterial verfügbar, u. a. eine Filmbiografie, die allerdings nur einen kurzen Ausschnitt seines Lebens aufgreift.

4.6.3 Die gewürfelte Geschichte

Aufgabenkarte 27

MAXIMAL UNSICHTBAR AUFGABENKARTE NR. **27**

Die gewürfelte Geschichte

Im Kapitel „Erster Sonntag" denkt Maxi zurück an den Besuch im Gasthaus.
Sie stellt sich vor, ihr Besuch sei Teil eines Pen-and-Paper-Spiels.
Wie könnte Maxis Geschichte weitergehen, wenn ein anderer Verlauf gewürfelt wird?
Was erleben Maxi und Basti dann im Gasthaus?

1. Besorge dir einen W6-Würfel (= mit sechs Würfelseiten). Alternativ kannst du einen Würfel basteln (siehe Vorlage).

2. Lass den Würfel entscheiden, wie die Geschichte weitergeht, indem du würfelst.

3. Schreibe deine Geschichte auf.
Tipp: Du kannst in der „Ich"-Perspektive schreiben oder eine andere Perspektive zum Erzählen wählen.
Beginne mit den Worten:
Der Gastwirt öffnete die schwere Holztür und trat aus dem Gasthaus heraus.

Ihr wollt einen ersten Blick in das Gasthaus werfen und sprecht den Gastwirt an.

Würfelt mit einem W6:

1 – 2: Der Gastwirt findet Bastians „magische Apparaturen" super und lässt euch sofort eintreten.
3 – 4: Der Gastwirt verweigert euch den Zutritt. Ihr versucht, euch durch einen Nebeneingang ins Gasthaus zu schleichen.
5 – 6: Der Gastwirt sagt, dass Maxima gerne eintreten darf. Bastian aber soll draußen vor der Tür warten, weil sein Rollstuhl stört.

Die gewürfelte Geschichte

Bastelvorlage für einen W6-Würfel:

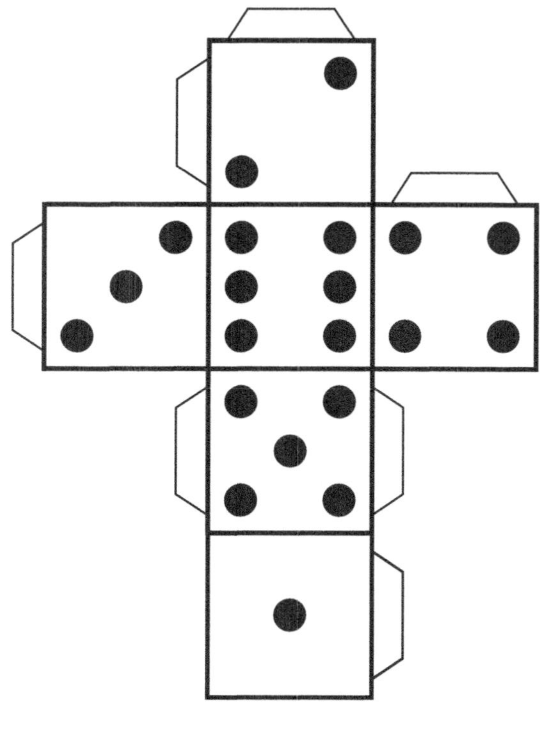

Didaktische Information

▶ Einsetzbar ab Seite 75

Aufgabe

Im Kapitel „Erster Sonntag" denkt Maxi zurück an den Besuch im Gasthaus. Sie stellt sich vor, ihr Besuch sei Teil eines Pen-and-Paper-Spiels. Wie könnte Maxis Geschichte weitergehen, wenn ein anderer Verlauf gewürfelt wird? Was erleben Maxi und Basti dann im Gasthaus?

1) Besorge dir einen W6-Würfel (= mit sechs Würfelseiten). Alternativ kannst du einen Würfel basteln (siehe Vorlage).
2) Lass den Würfel entscheiden, wie die Geschichte weitergeht, indem du würfelst.
3) Schreibe deine Geschichte auf. Tipp: Du kannst in der „Ich"-Perspektive schreiben oder eine andere Perspektive zum Erzählen wählen. Beginne mit den Worten: Der Gastwirt öffnete die schwere Holztür und trat aus dem Gasthaus heraus.

Ziel

Den Prozess des kreativen Schreibens in Verbindung mit den Inhalten der Geschichte anregen.

Methode

Die Aufgabe wird in Einzelarbeit durchgeführt.

Präsentation

Verschiedene Präsentationsformen sind denkbar: Lesung innerhalb der Klasse, Vorführung der Texte als szenisches Spiel, Erstellung und Präsentation von E-Books etc.

Differenzierungsmöglichkeiten

Für Schülerinnen und Schüler, denen das Verfassen von Texten schwerfällt, ist es ggf. sinnvoll, den Umfang der Schreibaufgabe im Vorfeld transparent zu machen. Die hierbei individuell festzulegende Textmenge sollte die Schreibenden fordern, aber nicht überfordern. Umgekehrt kann eine Begrenzung des Textumfangs auch für Schnell- und Vielschreiberinnen und -schreiber sinnvoll sein, um zu verhindern, dass sie sich im Text verlieren und kein Ende finden.

Auch die Nutzung eines groben Rahmens zum Storytelling kann hilfreich sein. Simpelste Variante ist das Gerüst aus Aristoteles' Poetik (ARISTOTELES 2014, S. 25), die schlichtweg besagt: Eine Handlung hat ein Anfang, eine Mitte und ein

Ende. Das entspricht dem klassischen Drei-Akte-Schema. Jeder Akt kann nun in einem nächsten Schritt ausdifferenziert werden. Dies kann relativ geradlinig erfolgen (Anfang: Personen, Setting und Problem werden eingeführt – Mitte: (verschiedene) Problemlösungsstrategie(n) werden erprobt – Ende: Wahlweise Lösung des Problems oder Scheitern am Problem). Ergänzend können diese drei Akte mit diversen zusätzlichen Zwischenschritten, Hindernissen und Wendepunkten differenzierter ausgebaut werden.

Der einleitende Schreibimpuls „Der Gastwirt öffnete die schwere Holztür und trat aus dem Gasthaus heraus" wurde bewusst im epischen Präteritum formuliert, da dies für die Schülerinnen und Schüler die in der Regel bekannteste, literarisch genutzte Tempusform ist. Alternativ kann jedoch, wie auch im Roman, der Beispielsatz ins Präsenz übertragen werden („Der Gastwirt öffnet die schwere Holztür und tritt aus dem Gasthaus heraus"). Die darauf aufbauende Geschichtenentwicklung nutzt dann ebenfalls das Präsenz.

Mögliche Ergebnisse

Individuell unterschiedliche Ergebnisse in Form von Texten.

Zusatzideen

Ähnlich wie bei der Aufgabenkarte 25 „(Erklär-)Video Live-Action-Rollenspiele" kann auch bei der „gewürfelten" Geschichte ein kurzes Video produziert werden. Auch eine Variante als Hörbuch ist denkbar. Aufwändiger, aber kreativer, ist die Erstellung eines Hörspiels mit verteilten Rollen, Nebengeräuschen und Musik. Video- und Hörspielproduktionen eignen sich besonders als Aufgaben im Rahmen einer zeitlich umfangreicheren Projektarbeit. Die Herstellung eines Hörbuchs bzw. Hörspiels bietet sich darüber hinaus als Aufgabe im digitalen Lernraum an.

4.6.4 Eine Fantasy-Rolle für Bastian

Aufgabenkarte 28

MAXIMAL UNSICHTBAR — AUFGABENKARTE NR. **28**

Eine Fantasy-Rolle für Bastian

1. Überlege bitte, welche Dinge Bastian gut kann.

2. Finde eine Arbeitspartnerin oder einen Arbeitspartner. Tragt eure Ergebnisse zusammen. Welche Fähigkeiten habt ihr für Bastian gefunden?

3. Welche Rolle könnte Bastian mit diesen Fähigkeiten in einem Fantasy-Rollenspiel übernehmen?

4. Entwerft gemeinsam einen Steckbrief für diese Fantasy-Figur, die Bastian spielen könnte.

Name der Fantasy-Figur	
Welche Art von Wesen ist es?	
Besondere magische Fähigkeit	
Fortbewegung	
Art der Kommunikation	
…	

Tipp: Denke bitte daran, dass in solchen Rollenspielen die beteiligten Figuren auch besondere Kräfte haben können.

Didaktische Information

▸ Einsetzbar ab Seite 189

Aufgabe

1) Überlege bitte, welche Dinge Bastian gut kann.
2) Finde eine Arbeitspartnerin oder einen Arbeitspartner. Tragt eure Ergebnisse zusammen. Welche Fähigkeiten habt ihr für Bastian gefunden?
3) Welche Rolle könnte Bastian mit diesen Fähigkeiten in einem Fantasy-Rollenspiel übernehmen?
4) Entwerft gemeinsam einen Steckbrief für diese Fantasy-Figur, die Bastian spielen könnte.

Tipp: Denke bitte daran, dass in solchen Rollenspielen die beteiligten Figuren auch besondere Kräfte haben können.

Ziel

Fokussierung auf die Stärken einer Person als Gegenentwurf zu der gesellschaftlich verbreiteten defizitären Betrachtungsweise von Menschen mit Behinderung.

Sich eigener Stärken bewusst werden.

Ergänzende Informationen zur Zielsetzung:
Menschen mit Behinderung werden oftmals defizitär beschrieben. Der Blick fällt auf das, was die Person nicht kann, und übersieht dabei die Stärken, über die diese Person verfügt. Aber nicht nur im Kontext „Behinderung", sondern auch vor dem Hintergrund der allgemeinen Persönlichkeitsentwicklung von Schülerinnen und Schülern ist die Auseinandersetzung mit Stärken und Schwächen wichtig. Häufig werden besonders Schwächen oder Unzulänglichkeiten thematisiert, so dass es vielen Schülerinnen und Schülern schwerfällt, eigene Stärken zu erkennen und zu benennen.

Methode

Die Schülerinnen und Schüler arbeiten nach dem Prinzip Think – Pair – Share: Zunächst setzen sie sich in Einzelarbeit mit der Aufgabe auseinander, teilen danach ihre Überlegungen mit einer Partnerin oder einem Partner, um daran anschließend das Ergebnis mit der gesamten Gruppe zu teilen.

Die Präsentation kann als Museumsgang erfolgen und folgendermaßen angeleitet werden:
Zunächst werden die Arbeitsergebnisse so ausgehängt, dass sie im gesamten Raum verteilt sind, wie in einer Galerie.

Alle Schülerinnen und Schüler bekommen den Auftrag, sich die Arbeitsergebnisse anzuschauen, mit einer oder mehrerer Fragestellungen, wie zum Beispiel den folgenden:
Welche Gruppe hat besonders viele positive Eigenschaften für Bastian gefunden?
Welche Gruppe hat eine besonders originelle Idee für Bastians Rolle gefunden?
Welche Gruppe hat besonders ordentlich gearbeitet?
Über diese exemplarischen Fragestellungen hinaus sind viele weitere Impulse denkbar und möglich. Die Auswahl dieser Impulse und Fragen ist dabei abhängig von den Kompetenzen und dem Vorwissen Ihrer Schülerinnen und Schüler beziehungsweise davon, was Sie als Arbeitsleistung von ihnen erwarten. Achten Sie bitte auf eine ressourcenorientierte Blickweise.

Präsentation
Die Steckbriefe können vorgestellt oder ausgehängt werden mit anschließendem Museumsgang.
Bei letzterem lässt sich, thematisch passend, die Methode des positiven Feedbacks umsetzen.

Mögliche Ergebnisse
Bastians Stärken: Humorvoll, schlagfertig, schlau, verfügt über eine hohe Frustrationstoleranz, aktiv, selbstständig, durchsetzungsfähig usw.

Eigene Stärken: Individuelle Ergebnisse der Schülerinnen und Schüler.

Differenzierungsmöglichkeiten
Hilfestellung in Form eines Tipp-Tisches, auf dem exemplarische Textstellen, in denen Stärken thematisiert werden, als Tipp-Karten zu finden sind.

Gestaltung von heterogen zusammengesetzten Teams von Lernpartnerinnen und -partnern.

Je nach Bedarf Einsatz von mal mehr mal weniger vorstrukturierten Steckbriefen.

Im Vorfeld durchgeführte, gemeinsame Überlegungen zur Frage, welche Stärken welche magischen Figuren haben könnten.

Zusatzideen
Die in dieser Aufgabe erforderte Stärken-Analyse der fiktiven Figur Bastian kann als Ausgangspunkt und Hilfestellung genutzt werden, um die Schülerinnen und

Schüler zu ermutigen, eigene Stärken zu erkennen, sich darüber auszutauschen und diese somit in den Fokus zu rücken.

Parallel oder ergänzend zur „Fantasy-Rolle für Bastian“ kann auch eine Rolle für Maxima entworfen werden.

Selbstverständlich können die Schülerinnen und Schüler auch für sich selbst Fantasy-Rollen entwickeln.

5 Quellen

5.1 Literatur

Aristoteles: Poetik. Griechisch/ Deutsch. Stuttgart: Reclam 2014
Goudarzi, Nicol: Maximal unsichtbar. Karlsruhe: von Loeper Literaturverlag 2022
Goudarzi, Nicol: Maximal unsichtbar. Version in Einfacher Sprache. Karlsruhe: von Loeper Literaturverlag 2022
Goudarzi, Nicol: Maximal unsichtbar. Hörbuch. Karlsruhe: von Loeper Literaturverlag 2023
Heller, Jutta: Resilienz – 7 Schlüssel für mehr innere Stärke. München: Gräfe und Unzer 2013
Seitz, Stefan/ Hiebl, Petra: Mobbing – Prävention und Intervention. Buxtehude: Persen Verlag 2012

5.2 Internet

Beratungsstellen für Unterstützte Kommunikation: https://www.fbz-uk.uni-koeln.de/einrichtungen/uk-beratungsstelle (abgerufen am 25.07.2023)
Deutsche Tolkien Gesellschaft e. V.: https://www.tolkiengesellschaft.de (abgerufen am 25.07.2023)
Gesellschaft für Unterstützte Kommunikation e. V.: https://www.gesellschaft-uk.org (abgerufen am 25.07.2023)
Krauthausen, Raul: Aktivist für Inklusion und Barrierefreiheit: https://raul.de (abgerufen am 25.07.2023)
Leidmedien: Ein Projekt der SOZIALHELDEN in Kooperation mit der Aktion Mensch: https://leidmedien.de (abgerufen am 25.07.2023)
Lemler, Kathrin: Erklär- und Lernvideo Buchstabensystem – Lektion I: Erklärung: https://www.youtube.com/watch?v=inccNLZKmiE (abgerufen am 25.07.2023)
Lemler, Kathrin: https://kathrinlemler.com/ (abgerufen am 25.07.2023)
Lorang, Fee: Das Mädchen das mit den Augen spricht. Reden mit Augensteuerung: https://www.youtube.com/watch?v=tMv8BuX45dg (abgerufen am 25.07.2023)
Székely, Luisa: Luisa, die mit den Augen spricht: https://www.youtube.com/watch?v=dborleSy9Y4 (abgerufen am 25.07.2023)

Danksagung

Ich danke Irene Müller für ihre wertvolle und kompetente fachliche Unterstützung und ihre kreativen didaktischen Impulse bei der Entwicklung dieses Buches.

Die Autorin

Nicol Goudarzi, 1976 in Engelskirchen geboren, ist promovierte (Sonder-)Pädagogin, Autorin und Übersetzerin für Einfache Sprache und Leichte Sprache. Sie unterrichtete an verschiedenen Förder- und Inklusionsschulen und bildet als Fachleiterin zukünftige Lehrerinnen und Lehrer für das Lehramt für Sonderpädagogische Förderung aus. Darüber hinaus ist sie als Dozentin für Kinder- und Jugendliteratur tätig, konzipiert und veranstaltet inklusive Literaturveranstaltungen und bietet Schreibwerkstätten für Kinder, Jugendliche und Erwachsene mit und ohne Beeinträchtigung an.
Ihr Roman „Maximal unsichtbar“ erschien, im Sinne der Barrierefreiheit, in drei Varianten: Einer Version für Lesegeübte, einer Übersetzung in Einfache Sprache sowie als Hörbuch.